즐거운 텃밭
맛있는 음식

1판 1쇄 발행일 | 2017년 3월 10일

글 | 박경희·이상희
사진 | 월간 전원생활
펴낸이 | 이상욱

기획·마케팅 | 류준걸, 이병래, 황의성
디자인·인쇄 | (주)정인미디어

펴낸곳 | 책넝쿨
출판등록 | 제 25100-2015-000009호
주소 | 서울 강동구 고덕로 262
주문·문의 | 전화 02-3703-6136, 팩스 02-3703-6213
홈페이지 | http://www.nongmin.com
편집저작권 ⓒ 2017 책넝쿨

| 저자와 책넝쿨의 서면 허락 없이 내용의 일부 혹은 전부를
  인용하거나 발췌하는 것을 금합니다.
| 파본은 교환해 드립니다.

ISBN 979-11-86959-05-3
값 15,000원

즐거운 텃밭 맛있는 음식

글 박경희·이상희
사진 월간 전원생활

책넝쿨

.... 책을 내며 ....

박경희

텃밭농부로 산지 20년입니다. 농부의 딸로 태어난 것도 아닌데 밭에 씨 뿌리고 거두는 일에 각별한 정성을 들이는 것은 '잘 먹고 잘 사는' 것에 관심이 많아서 인듯 합니다.

어린 시절 먹었던 보리개떡과 애호박 비빔국수를 지금까지 가장 맛있는 음식으로 기억하고 있는 것은 갓 찧은 보리와 방금 딴 애호박의 생명력 때문이겠지요.

집에서 열 발자국만 걸어 나가면 봄부터 겨울까지 맛있는 음식 재료들을 뿌린대로 거두어 먹고 있으니 언제나 풍요롭습니다. 농사를 짓지 않았으면 절대 만날 수 없는 '나만의 별미' 뜻밖의 식재료들도 얻을 수 있지요. 열무꽃대, 당근 이파리, 시금치 뿌리, 여린 줄기, 억센 줄기, 덜여문 열매, 농익은 열매까지……. 생긴 대로 익은 정도대로 딱 알맞은 음식이 되어줍니다. 여기에 심고 가꾸지 않아도 저절로 밭을 이루는 야생초들까지 더 하면, 밥상은 언제나 '성찬' 입니다. 밥상을 차리기까지 제가 지키려고 노력하는 몇 가지 약속이 있습니다. 자연의 시간대로 나고 자란 제철 음식을 먹는 것, 이왕이면 토종종자를 애써 찾아서라도 심어서 씨앗을 남길 것, 못생긴 것, 벌레 먹은 것, 억센 것, 줄기, 뿌리, 껍질, 씨앗까지 모두 맛있는 음식으로 만들어 먹을 수 있으니 땀 흘려 키운 생명을 함부로 버리지 않을 것, 밭에 무성한 야생초를 잡초라 뽑아버리지 말고 귀하게 대접하며 먹을 것, 건강한 땅에서 나고 자란 것만으로도 맛은 충분하니 양념을 과하게 쓰지 않을 것, 햇볕과 바람과 정성으로 발효된 간장, 된장을 직접 만들어 먹을 것, 수입식품은 제3세계 농민이나 생산자의 자립을 지원하는 공정무역을 이용할 것 등 입니다.

텃밭을 가꾸며 깨달은 것은 인간과 자연에 대한 존엄성 그리고 '살림의 지혜' 랍니다. 이러한 지혜를 '책' 을 통해 많은 사람들과 나눌 수 있으니 그저 감사할 뿐입니다. 더불어 '밥은 곧 생명' 임을 알게 해주신 '평화가 깃든 밥상' 의 저자이자 스승이신 문성희 선생님과 그러한 생각을 맘껏 펼칠 수 있도록 지난 4년간 자리를 마련해 준 '논밭예술학교' 정금자 교장선생님과 천호균 대표님께 감사드립니다. 무엇보다 제겐 '선물' 처럼 다가온 어시스트 경린 고맙습니다. 2017년 3월 이상희 이 책은 농민신문사에서 발간하는 월간 〈전원생활〉에 자연요리연구가의 텃밭요리 라는 제목으로 1년간 연재됐던 글을 모아서 발간한 것입니다.

텃밭을 직접 가꾸는 요리연구가를 찾아 달마다 텃밭에서 얻을 수 있는 식재료를 가지고 음식을 만드는 기획이었습니다.

일 년의 결과물을 책으로 엮으려다 보니 요리 외에 텃밭에 관한 이야기를 더해야 할 것 같았습니다. 텃밭에서 맛난 음식 재료를 얻으려면 텃밭을 잘 가꿔야 하는데 이 책의 독자들은 텃밭 초보자이거나 텃밭을 한 번도 안 일궈본 사람일 가능성이 높으니 말입니다. 그래서 그동안 전원생활 기자로 일하면서 꾸준히 취재해왔던 텃밭 관련 정보들을 한 데 모아 정리했습니다. 나 스스로 옥상에 작은 텃밭을 일구는 텃밭농부이니 그 경험도 함께 담아서 텃밭 계획을 세우고, 씨 뿌리고, 모종 심고, 벌레 잡고, 갈무리하는 방법을 순서대로 정리해 찾아보기 쉽도록 뒤쪽에 한데 묶어 넣었습니다.

간략하고 어찌 보면 단순하기까지 한 정보지만 텃밭 초보자들에게는 유용한 실용정보가 될 것으로 기대해 봅니다. 덧붙여 텃밭의 재료로 음식을 만들어 먹는 즐거움을 직접 독자와 나눌 수는 없지만 책을 통해서나마 그에 담긴 이야기와 요리법을 공유할 수 있어 기쁘며 올 봄에는 망설이지 말고 주말농장 한 쪽 분양받아서 텃밭농사 지어보기를 권합니다. 2017년 3월

▶ 추천의 말

지난 겨울 잡지 촬영 소식에 선생님보다 내가 더 들떴던 기억이 난다. 어느덧 1년이 지나 책으로 출간된다니, 축하 축하 또 축하드린다. 첫 촬영 날도 잊을 수 없다. 집을 나서면서 '와, 기분 좋다. 왜 이렇게 기분이 좋을까? 오늘 맛있는 음식을 먹어서일까?' 촬영을 하면서 이유를 알았다. 선생님은 호기심이 많으시다. 그 호기심이 텃밭과 만나니 어쩌다 떨어진 설익은 단호박, 당연히 버려지는 비트줄기, 언 무, 언 감자가 식재료가 되어 멋진 음식이 되었다. 이런 시도에 나도 덩달아 신났고, 촬영 시작부터 내내 즐거운 시간을 보낼 수 있었다. 촬영을 마치고 돌아오는 길은 언제나 충만했고 감사의 노래가 흘렀다.

어시스트 **김 경 린**

박경희 선생은 '평화가 깃든 밥상'의 살림음식연구소에서 여러 해 동안 연구원으로 활동해 왔다. 그 전에는 오랜 세월 한 지역 생활협동조합을 이끌어 왔다. 그에게 생명과 생태를 생각하는 자연적인 삶, 나눔과 두레의 공동체적 가치는 그대로 생활화되어 삶에 녹아들어있다. 괴산으로 이사하면서 생긴 나의 텃밭에 원추리, 비비추, 배초향 등 우리나라 토종풀들을 입양시켜주기도 하고 철 따라 잘 말려진 나물들을 나눠 주는 그녀의 선물 덕분에 '평화가 깃든 밥상'이 향기로 채워지곤 했다. 결코 서두르지 않는 성품으로 차근차근 디뎌온 자연음식연구에 보낸 시간들이 녹록지 않다. 음식뿐만 아니라 손작업으로 이루어지는 모든 살림에 관심이 많은 그녀의 탄탄하게 내공이 쌓인 솜씨에는 따뜻한 관심과 상대방을 배려하는 섬세함이 배여 있다. 구순이 넘은 친정어머니가 가꾸는 밭에서 살아나는 살림이 그녀에게 이어져서 좀 더 넓은 세계와 연대하는 살림으로 확장된다. 그러한 그녀의 자취가 지난 일년 동안 '전원생활'에 실은 텃밭이야기에 담겨 단행본으로 출간되었다. 많은 사람들에게 읽혀져서 나눔과 배움이 일어날 앞으로의 시간들이 몹시 기대된다.

'평화가 깃든 밥상'의 저자 **문 성 희**

박경희 선생님이 텃밭에서 가져 온 재료를 보고 늘 놀라곤 했다. "선생님 텃밭이 몇백 평 되나 봐요?"라고 물으니 열 평도 안 되는 잔디밭을 뒤엎어 직접 땅을 고르고 화살나무도 옮겨 심어가며 만든 정원텃밭이란다. 그렇게 마술처럼 길러낸 식재료로 논밭예술학교의 요리수업을 늘 보석처럼 빛나게 꾸며주셨다. 봄에는 씨앗을 뿌린다. 토종 씨앗을 넉넉히 뿌려 어린 순일 때 솎아 만든 주먹밥으로 나들이 음식을 차린다. 여름에는 더위에 잃은 입맛을 토종 허브로 되살린다. 사시사철 무궁무진한 맛에 멋을 더해 개성 있는 제철 텃밭 밥상을 만든다.

정이 많은 사람의 마음은 모든 식물에게도 따뜻한가보다. 생명을 가진 모든 것들을 소중히 여긴다. 밭에 지천으로 돋아나는 꽃다지며 명아주, 밟아도 밟아도 고개 드는 질경이 등을 미워하지 않고 훌륭한 먹을거리로 둔갑시켜 약이 되는 밥상으로 만들어낸다. 그뿐이랴 텃밭의 채소를 다 수확해 먹지 않고 이듬해에 심을 씨앗을 받기 위해 한쪽에서 꽃을 피운다. 씨앗은 모든 생명의 근원이자 양식이며 다시 땅에 뿌려질 선물이기도 하다.

그 예쁜 채소 꽃으로 만든 음식은 참신하다 못해 경이롭다. 누구나 무, 배추는 먹지만 그 꽃을 구경한 이는 별로 없을 것이다. 그 여린 꽃대로 만든 샐러드라니 텃밭농사를 짓는 사람이 아니고는 먹어볼 수 없는 자연요리 아닌가. 밭에서 걷어온 채소들은 특별한 양념이 필요 없다. 재래간장, 고추장, 된장, 참기름, 들기름, 효소, 식초 등은 재료를 빛내기 위한 조연이다. 곡류를 곁들인 봄기운 가득한 〈봄동구이〉나 보랏빛 고깔제비꽃을 고명으로 올린 〈홑잎덮밥〉 등 박경희 선생님이 제안하시는 텃밭 요리는 풋풋한 풀 향기와 자연의 맛을 눈으로, 입으로, 가슴으로 느끼게 한다.

요즘 도시에서도 텃밭 인구가 늘고 있다. 채소와 허브를 직접 길러먹는 즐거움을 맛보고 이웃과 삶의 여유를 나누는 도시농부들에게 자연요리를 듬뿍 담은 이 책은 자연처럼 고마운 선물이다.

헤이리 논밭예술학교 **정 금 자**

즐거운 텃밭 & 맛있는 요리

도시에 살지만 내 먹을 것은 내 손으로 길러 먹겠다는 도시농부가 급격히 늘어나고 있습니다. 씨 뿌리고 물 줘 가며 서툰 손길로 농산물을 가꾸는 재미며 직접 가꾼 식재료로 음식을 만들어 먹는 재미가 쏠쏠하기 때문이죠. 하지만 의외로 텃밭에서 직접 수확한 농산물을 어떻게 요리해야 할지 잘 모르는 경우가 적지 않죠. 하물며 잎이나 열매뿐 아니라 꽃이며 뿌리 같은 것들도 훌륭한 식재료가 된다는 사실을 아는 사람은 더 드물죠. 20년 넘는 텃밭 경험을 살려 계절에 따라 뿌리부터 줄기, 잎, 꽃, 열매까지 텃밭에서 나는 모든 것들의 쓰임새와 그것들을 이용해 쉽고 맛있게 요리하는 법을 알려주려고 합니다. 텃밭 관리요령은 덤입니다.

1. 봄, 텃밭의 시작

3월 봄기운 가득한 봄나물 17
4월 텃밭 농부의 새참 밥상 24
5월 식탁을 풍성하게 하는 잡초 31

2. 여름, 푸르름 짙은 밥상

6월 속은 채소로 만든 나들이 음식 41
7월 토종 허브를 이용한 여름 건강 밥상 48
8월 채소 꽃대를 활용한 만찬 56

3. 가을, 풍성한 먹을거리의 향연

9월 달큰한 열매채소로 차린 초가을 밥상 65
10월 다양한 이파리로 채운 가을 밥상 73
11월 김장 81

4. 겨울, 갈무리

12월 갈무리 음식 91
1월 땅속 뿌리 채소로 만든 겨울 밥상 99
2월 갈무리 채소 이용한 일품요리 밥상 107

5. 못다 한 이야기

각종 양념 116
공정무역 상품들 120
갈무리 채소 122

6. 텃밭 농사 준비 요령

텃밭 스케줄표 125
천연농약과 유기농비료 만들기 133
농산물 갈무리하기 138

봄
텃밭의 시작

바람 냄새가 봄이 왔음을 알립니다. 봄, 여름, 가을, 겨울 계절마다 향기가 다 다르니 바람은 보고 듣는 것보다 제 계절을 먼저 전해주는 것 같습니다. 풀도 나무도 벌레도, 생명 있는 모든 것들은 이미 겨울잠에서 깨어나 활동할 준비를 하고 있겠지요.

겨울이었던 어제도 하루 스물네 시간, 봄바람 향기 나는 오늘도 하루 스물네 시간인데 어제와 다르게 몸과 마음이 절로 바빠집니다. 아직은 뼛속까지 바람이 들고 폭설이 내릴 수 있는 달이지만 농사 준비는 미루면 안 되기 때문입니다.

재미난 이야기 하나 할까요. 아들이 초등학교 저학년 때 있었던 일이랍니다. 국어시험에 초등학교 입학식 풍경을 그린 동시를 읽고 느낀 점이나 연상되는 것이 무엇인지 쓰라는 문제였던 것 같습니다. 아들이 써낸 답은 '무척 춥다'였지요. 시험문제가 원하는 답이 아니었나 봅니다. 의도한 답은 병아리나 개나리, 봄, 이런 단어가 아니었을까요.

초등학교 입학식을 경험하신 분들이라면 기억하실 겁니다. 3월 어느 날, 입학식 행사를 치르느라 운동장에 서 있었던 그날이 얼마나 추웠었는지를요. 아들의 틀린 답, 그렇지만 저에게는 정답이었던 그 문제 덕분에 파안대소 했었지요. '봄'하면 떠오르는 아들이 제게 준 유쾌한 '선물'로 고이 간직하고 있답니다.

3월
봄기운 가득한 봄나물

밭에 냉이가 지천입니다. 지난해에 하얀 냉이 꽃이 고와서 마냥 두었더니 봄날의 시작이 풍성합니다. 냉이는 텃밭 농사짓는 사람들에게는 가장 먼저 찾아오는 봄날의 만찬입니다. 환절기가 되면 유독 몸이 나른해지고 입맛이 없다고들 하지요. 새로운 계절에 적응하려는 몸이 보내는 신호랍니다. 이때 밭에 있는 냉이를 뿌리채 캐서 먹으면 좋습니다. 겨울을 난 냉이는 뿌리가 튼실하고 맛도 달아서 날 것 그대로 씹어 먹어도 참 맛있습니다. 단백질과 칼슘이 풍부하고 몸속 신진대사를 활발하게 하는 효능이 있다고 하니 시금치, 봄동과 함께 이 봄에 꼭 먹어야 할 보양음식이지요.

된장찌개나 국도 끓이고 무침도 해 먹지만 냉이 특유의 맛과 향은 동서양 어떤 음식으로도 다양하게 만들 수 있는데요, 제가 즐겨 만들어 먹는 음식은 냉이페스토입니다. 냉이 잎과 뿌리를 듬뿍 넣고 돌절구에 찧으면 섬유질이 그대로 드러난 멋진 페스토 재료가 되지요. 여기에 스파게티면을 삶아 버무리기만 하면 제법 고급스런 파스타 요리가 되어, 제 가족들도 좋아라 합니다. 작년 여름에 소금 절임 해두었던 산초 열매도 적당히 넣으니 냉이와 산초향이 조화롭습니다. 우리에게 익숙한 바질페스토와는 또 다른 힘찬 야생의 맛이 느껴집니다.

자연요리 연구가의 | 텃밭 음식

냉이 페스토 파스타

준비하기 ● 스파게티 면 200g, 물 2ℓ, 소금 20g, 올리브오일 2~3큰술, 양송이버섯 6개, 소금에 절인 산초 1작은술, 냉이 페스토(냉이 100g, 잣 80g, 파르메산치즈 2큰술, 올리브오일 150㎖, 소금 1작은술)

만들기 ● **1** 냉이는 뿌리째 잘게 썰어 절구에서 곱게 찧어놓는다. **2** 잣은 달궈진 팬에 노릇하게 볶아 곱게 다져놓는다. **3** 그릇에 냉이, 잣, 파르메산치즈, 올리브오일, 소금을 넣고 잘 섞어 페스토를 완성한다. **4** 냄비에 물과 소금을 넣고 끓이다가 파스타 면을 넣고 삶는다. **5** 양송이버섯을 4등분해서 달궈진 팬에 노릇하게 볶아 향을 낸다. **6** 팬에 올리브오일을 두르고 양송이, 산초, 삶은 스파게티 면을 넣어 빠르게 볶아내며 소금으로 간한다. **7** ⑥의 불을 끈 뒤 냉이 페스토를 넣고 버무려서 접시에 담는다.

Tip 파스타요리는 면의 맛이 70퍼센트 정도를 차지할 정도로 품질이 중요하다. 면이 맛있으면 올리브오일과 소금만으로도 훌륭한 파스타요리를 즐길 수 있다.

자연요리 연구가의 | 텃밭 음식

시금치 냉동 토마토 수프

준비하기 ● 냉동 토마토 4개, 양송이 4개, 뿌리 달린 시금치 한 줌, 삶은 마카로니 3큰술, 매운 절임고추 3개, 물 5컵, 현미유 1큰술, 후추, 소금

만들기 ● **1** 양송이버섯과 냉동 토마토를 4등분 한다. **2** 절임고추를 잘게 다져놓는다. **3** 달궈진 냄비에 양송이버섯을 수분을 날리듯 볶아 향을 낸다. **4** 냄비에 현미유를 두르고 시금치, 마카로니, 토마토를 넣고 센 불에서 볶다가 소금으로 간한다. **5** ④에 물을 붓고 중간불, 약불로 끓이다가 다진 고추, 소금, 후추를 넣어 마무리한다.

Tip 버섯은 기름을 두르지 않은 상태에서 충분히 볶아 수분을 날린 후, 다른 재료와 섞으면 맛과 향이 더욱 풍부한 버섯맛을 느낄 수 있을 뿐 아니라 수분이나 기름도 덜 흡수되서 씹는 맛도 좋다.

저 살얼음 덮인 밭에 삐죽이 올라와있는 시금치색은 초록이 짙다 못해 검푸릅니다. 지난겨울 추위에 얼지나 않았을까 들여다보니 잎이 통통하게 살이 오른 것이 어찌나 싱싱한지요. 시금치 뿌리가 끊어질세라 땅속 깊숙이 삽질을 하였습니다. 저는 시금치잎만큼 뿌리맛도 좋아하는데 봄에 싹을 틔우기 위한 영양분을 겨우내 가득 저장하고 있었으니 그 맛이 얼마나 강렬한 달콤함인지요. 꽃샘추위가 뼛속까지 스며들 때는 텃밭에서 뿌리째 뽑아온 시금치에 작년 여름 수확해서 냉동실에 보관해두었던 토마토를 큼직하게 썰어 넣고 맑은 수프를 끓여 먹습니다. 소금에 절여 푹 삭힌 매콤한 청양고추를 송송 썰어 함께 넣으면 추위도, 감기도 뚝 떨어질 것만 같습니다. 텃밭농사를 짓는다고 해도 남쪽보다 기온이 낮은 이곳에서는 늦은 3월이 되어서야 겨울 시금치 맛을 볼 수 있습니다. 그때까지는 아쉬운 대로 남쪽에서 올라오는 섬초나 포항초, 남해초 등을 사먹고는 하는데 뿌리가 '싹둑' 잘려나간 시금치만 보이니 참으로 안타깝습니다. 이제는 시금치 뿌리도 당연히 먹는 것으로 인식되었으면 하는 바램입니다. '제발 우리에게 시금치뿌리를 돌려주세요.' 라고 캠페인을 벌여야 할까 봅니다.

자연요리 연구가의 | 텃밭 음식

봄동구이 샐러드

준비하기 ● 봄동 2포기, 율무 1줌, 옥수수알 1줌, 소금 약간, 현미유, 소스(고춧가루 1큰술, 집간장 2큰술, 식초 1큰술, 매실발효액 2큰술)

만들기 ● **1** 봄동을 4등분 하고 물기를 최대한 빼놓는다. **2** 율무와 옥수수알은 충분히 불린 뒤 삶아서 바구니에 건져 물을 뺀다. **3** 무쇠 팬에 기름을 두르고 충분히 달구어지면 봄동을 뒤집어가며 굽는다. **4** 율무와 옥수수알을 기름에 볶다가 소금 간을 살짝 한다. **5** 집간장, 식초, 매실액, 고춧가루를 섞어 소스를 만든다. **6** 큰 접시에 구운 봄동과 곡식을 담고 소스를 뿌려 낸다.

Tip 봄동은 아삭한 느낌이 살아 있을 정도로만 굽는 것이 좋다. 구운 봄동에 굵은 소금만 술술 뿌려 먹어도 맛있다.

봄동이 땅에 납작 엎드려 있습니다. 추위도 이겨내고, 있는 힘껏 몸을 벌려 많은 햇볕을 받으려는 몸짓인가 봅니다. 접어서 딱지치기해도 될 만큼 잎이 어찌나 단단하고 질긴지요. 마치 바닷바람 맞으며 물질하는 해녀의 모습처럼 강인합니다.

예전 김치냉장고가 없던 시절에는 2월이 되면 김장김치가 너무 익어 햇김치를 담기 시작했지요. 이즈음에 어머니는 초록의 봄동으로 겉절이를 해주셨습니다. 고춧가루와 간장, 식초를 넣어 버무린 봄동무침을 다 먹고 나면 그 양념에 깨와 참기름 한 방울을 더해 밥을 넣어 쓱쓱 비벼서 마무리합니다. 마치 겨우내 묵혀두었던 먼지를 말끔하게 씻어내는 그런 개운한 맛이었습니다. 봄동은 쭉쭉 찢어 콩나물과 함께 얼큰한 해장국을 끓여도 좋고 된장만 풀어 넣고 국을 끓여도 맛있지요. 포기째 큼직하게 썰어서 기름 두른 팬에 구워 먹어도 별미입니다. 집에 있는 콩이나 잡곡 등을 삶아 소스와 함께 내놓으면 이것만으로도 충분한 한 끼 식사가 됩니다. 통째로 구운 봄동에는 포크와 나이프를 준비하세요. 스테이크만 썰으라는 법 있나요?

겨울잠 자고 일어나 오랜만에 밭에서 수확한 초록식물들 맛에 흠뻑 취했다면 이제 슬슬 일할 준비를 해야겠지요. 할 일이 참 많습니다. 온갖 씨앗과 새싹들의 이불이 돼주었던 낙엽을 긁어모아 태웠습니다. 겨우내 감나무 밑에 모아두었던 음식물 쓰레기들도 뒤집어서 퇴비 만드는 작업을 해야 합니다. 손바닥만 한 밭이지만 있을 건 다 있어야 하는 농기구들도 손질하고 어느 곳에 어떤 작물을 심어야 할지도 미리 금 그어놓습니다. 심고 싶은 작물의 종류는 해마다 늘고 있으니 자칫 과한 욕심에 이도 저도 못 살게 만드는 경우가 많기 때문이지요.

때때마다 받아놓았거나 구입한 씨앗들도 서로 섞이지 않았는지, 썩지는 않았는지 살펴봐야 하고 이웃집과 나누는 것도 잊어서는 안 됩니다. 한 알의 고추씨가 싹을 틔워 무수히 많은 고추를 생산해내는 것을 생각한다면 한 톨의 씨앗도 소홀히 버려져서는 안 되지요. 더 따뜻해지기 전에 작년에 갈무리해두었던 농산물들도 다시 손질해서 보관해야 합니다. 싹이 나거나 벌레가 생겨서 먹지 못하게 된다면 지난 한 해 나의 노고와 자연의 고마움 또한 헛된 것이 되어버리니까요. 일 년 내내 게으른 농사꾼이 되기 위해서는 지금 한 달 부지런히 움직여야 합니다.

4월
텃밭 농부의 새참 밥상

밭에 씨앗을 뿌리면서 보니 밭두렁 이곳저곳에 삐죽빼죽 제법 싹이 올라와 있는 것들이 보입니다. 달래, 산마늘, 원추리, 머위, 그리고 아직도 이름을 모르는 많은 풀들이요. 상추나 열무처럼 씨앗을 뿌려놓은 봄채소들이 다 자라서 식탁에 오르기 전까지는 이들 머위며 원추리, 달래 등이 풍성한 찬거리가 됩니다. 정성들여 농사지은 먹거리들보다도 몇 곱절 맛있으니 봄은 제게 왕성한 식욕의 계절입니다. 앞으로 5월까지는 온전히 자연의 정성만으로 차려진 충만한 맛의 향연이 펼쳐지겠지요.

제가 살고있는 경기도 파주는 추위가 길어서 새순을 먹기에는 이른 감이 있습니다. 그래도 봄맛을 빨리 느끼고 싶다면 달래가 있지요. 뿌리를 즐겨먹는 달래는 다른 봄 나물들보다 좀 더 일찍 밥상에 올릴 수 있습니다. 호미를 땅속 깊이 박고 흙을 살살 퍼내 엎으면 새하얗고 동그란 달래 알들이 마치 진주알처럼 송글송글 맺혀서 달려 나옵니다. 자잘한 달래들은 다시 밭에 묻어주고 실한 녀석들만 골라내어 된장찌개도 끓이고 달래장도 해먹습니다. 잎만 무성하고 알뿌리가 빈약한 비닐하우스에서 자란 달래와는 맛이 비교할 수가 없답니다. 농사일에 허기가 들 즈음 알싸한 맛의 달래에 아삭한 식감의 돌나물, 쌉싸래한 민들레를 한줌 뜯어 넣고 매콤새콤하게 국수 한사발 비벼냅니다.

비타민C와 칼륨이 풍부해서 특히 춘곤증을 예방하고 입맛을 살려주는 데는 달래만 한 것이 없습니다.

자연요리 연구가의 | 텃밭 음식

달래봄나물비빔국수

준비하기 ● 달래·돌나물·민들레 2줌씩, 사과 1/4조각, 우리밀국수 200g, 비빔장(집간장 3큰술, 고춧가루 2큰술, 현미식초 1큰술, 매실 또는 오미자 발효액 4큰술) 참기름·참깨 약간씩

만들기 ● 1 달래, 돌나물, 민들레를 흐르는 물에 깨끗이 씻은 뒤 5~6cm 정도로 자른다. 2 사과를 얇게 저며놓는다. 3 분량의 간장, 고춧가루, 발효액, 식초, 매실 발효액을 섞어 양념장을 만든다. 4 국수를 삶아 찬물에 여러 번 헹궈 물기를 빼둔다. 5 넓은 그릇에 삶은 국수, 달래, 돌나물, 민들레를 넣고 양념장을 뿌려가며 가볍게 섞은 후 참깨와 참기름을 넣고 버무린다. 6 그릇에 비빈 국수를 담고 사과를 곁들여 낸다.

쑥의 계절입니다. 어디서나 지천으로 나고 자라는 야생풀이지만 쑥처럼 오랜 세월 지고지순한 사랑을 받아온 식물도 없을 것입니다. 쑥은 음식재료일뿐 아니라 전문병원에서든 민간요법으로든 경계가 없이 약용으로 널리 쓰이고 있는데 누구도 문제 삼지 않는 것을 보면 우리에겐 밥만큼이나 편안한 음식인것 같습니다. 이른 봄에 자란 어린 새순은 덖어서 차를 만들면 좋고 고추장 장아찌를 만들어도 좋습니다. 생콩가루를 묻혀 국을 끓이면 쑥 향과 콩가루의 부드러움이 입안 가득합니다.

봄이 되면 쑥전을 부쳐 먹는 것이 당연히 치러야 하는 우리집 의식처럼 되어버렸습니다. 아이들은 스무 살이 훌쩍 넘은 지금도 쑥전 타령을 합니다. 성인이 된 아들은 요즘도 들판에 나가서 쑥 뜯어오는 것은 민망스러워 하지 않으니 이 아이들에겐 쑥전이 소울 푸드인가 봅니다.

어린 생쑥에 쌀가루를 슬슬 뿌려서 생들기름 두른 팬에 부친 쑥전은 별미중에 별미입니다. 쌀과 쑥은 궁합이 잘 맞는 음식입니다. 쌀에 부족한 칼슘을 쑥이 보충해주기 때문이라네요. 쌀가루 대신 토종 우리밀로 버무린 쑥버무리나 개떡도 맛이 참 구수합니다.

맛과 영양이 최고로 물이 오른 5월 단오까지는 쑥을 열심히 채취해서 저장해두면 좋습니다. 농사일 때문에 바쁘다 하셔도 3-4일 정도를 쑥채취하는 날로 정하고 농사달력에 크게 표시해둡시다. 약성, 영양, 맛 무엇으로도 버릴것 하나 없으니 말입니다.

자연요리 연구가의 | 텃밭 음식

쑥전

준비하기 ● 쑥 4줌, 현미쌀가루 2큰술, 통밀가루 2큰술, 소금 약간, 물 4큰술, 현미유·생들기름 약간씩

만들기 ● **1** 그릇에 깨끗이 씻은 쑥을 담고 통밀가루, 쌀가루, 소금, 물을 넣어 솔솔 버무린다. **2** 팬에 현미유와 생들기름을 두르고 ①을 두 줌 정도 팬에 올린 후 젓가락으로 얇게 펴가며 바삭하게 부친다.

어릴 적 친정어머니는 숯불에 석쇠를 올려놓고 노랗게 싹이 난 굵은 대파를 구워주곤 하셨습니다. 소금과 참기름을 콕 찍어서 입에 넣어주시면 '물커덩' 하고 씹히는 맛이 싫어서 도망치곤 했습니다. 그런데 먹고 나면 숯 향과 함께 깊고 달큰한 맛이 감돌았던 기억이 납니다. 감기를 달고 살았던 막내딸을 위한 어머니의 지혜셨습니다.

미식가들 사이에서는 '움파'의 맛을 모르면 파 맛을 논하지 말라는 말이 있다고 하네요. 움파라는 용어 자체가 생소할 수도 있겠으나 조상들의 지혜가 담긴 재료이지요. 예전에는 가을에 김장이 끝나고 나면 대파를 넉넉히 구입해두었다가 이른 봄까지 저장해놓고 먹었습니다. 잎과 줄기를 자르고 파 머리 부분을 뿌리째 보관해두면 계속 싹이 올라와 양념거리로 사용하였지요. 햇볕이 있는 곳에 두면 초록 새싹이 올라오고 볕이 없는 곳에서는 노란 새싹이 올라오는데요 밭에서 겨울을 나고 막 새순이 올라오는 이즈음의 대파도 움파라고 할 수 있겠습니다. 먼 나라 스페인에서도 대파구이 요리인 '칼솟타다'가 있습니다. 대파를 숯불에 구워 소스에 찍어 먹는 것이 우리와 비슷한데요 대파가 한창인 겨울에는 칼솟타다 축제도 열어, 전 세계에서 축제에 참가하기 위해 많은 사람들이 스페인을 찾는다고 하니 참 흥미롭습니다.

자연요리 연구가의 | 텃밭 음식

움파된장양념구이

준비하기 ● 움파 200 g, 집된장 · 쌀엿조청 1큰술씩, 생들기름 · 참기름 · 소금 약간씩

만들기 ● 1 집된장과 쌀엿조청을 섞어 양념을 만든다. 2 팬을 달군 후 생들기름 또는 참기름을 두르고 움파를 겉면을 살짝 태우듯이 굽는다. 3 구워진 파 중에서 반은 된장양념을 펴 바른 뒤 다시 한 번 살짝 굽고 나머지 반은 소금을 뿌려 낸다.

Tip 파는 팬에서 꺼낸 뒤에도 남은 열로 좀 더 익기 때문에 살짝 덜 익은 듯 구워내는 것이 아삭한 식감을 살리는 요령이다.

5월
식탁을 풍성하게 하는 잡풀

어느새 진달래, 매화, 살구꽃이 지고 온 세상이 초록입니다. 마당 한쪽, 잔디를 거둬 내 텃밭을 만들고 난 뒤부터는 밭에 날아든 온갖 풀들이 뽑아버려야 할 잡초가 아닌 밥상을 풍성하게 해주는 음식 재료가 되었습니다.

 풀 맛을 제대로 알고 난 뒤부터는 풀을 피해 씨앗과 모종을 심고, 잡초뽑기 같은 고된 노동도 생략하니 텃밭 농사도 훨씬 수월해졌습니다. 올해는 냉이, 망초, 질경이는 물론이고 벼룩이자리나물까지 새식구가 되었습니다. 감나무 밑에 군락을 이룬 명아주는 잘 키워서 구십이 넘은 제 친정 어머니께 반찬 해드려야겠습니다.

봄나물들은 부드럽고 여리지만 저마다 고유한 맛을 지니고 있지요. 쓴맛, 단맛, 신맛은 물론 머위나 쑥처럼 향이 강한 나물도 있습니다. 이것 저것 섞어서 모둠나물을 만들면 서로 다른 맛이 어우러져 별미입니다. 소금이나 간장에 들기름, 참기름만 더해서 담백한 맛을 즐겨도 좋고 된장이나 고추장에 식초를 더해 새콤하게 무쳐내도 좋습니다. 파, 마늘 같은 강한 맛의 양념을 넣지 않는 것도 나물 맛을 제대로 느낄 수 있는 비법이지요.

먹고 남은 야생풀은 버리지 않고 장아찌로 만들어둡니다. 삶아 말려서 묵나물도 해놓고 산야초 발효액도 만들어두면 좋습니다. 발효액은 음료로도 좋고 감칠맛을 내는 양념으로도 자주 활용하지요. 무엇보다 속이 불편하거나 몸살기운이 있을 때 효소가 가득한 발효액을 먹으면 불편한 몸이 다스려지기도 합니다.

뜯어도 뜯어도 자고 일어나면 수북이 자라 있는 것이 돌나물이지요. 요즘같이 봄을 타는 계절에는 돌나물과 매운맛이 나는 냉이잎 등을 뜯어 넣고 즉석 물김치를 만듭니다.. 달콤한 유자청과 배 몇 조각도 함께 썰어 넣으면 상큼한 맛에 마냥 먹게 됩니다. 주변에 피어 있는 제비꽃, 민들레 꽃잎도 띄워주면 작은 정성에 환호성입니다.

자연요리 연구가의 | 텃밭 음식

모둠나물

준비하기 ● 망초 · 벼룩이자리나물 · 머위 · 씀바귀 · 종지나물 · 꽃다지 · 비비추 등 야생초 삶은 것 5줌, 된장 1.5큰술, 산야초 발효액 3큰술, 참기름 2큰술

만들기 ● **1** 깨끗이 다듬은 야생초를 끓는 물에 질긴 순서대로 넣어 데친 뒤 찬물에 헹궈 물기가 촉촉이 있을 정도로 짠다. **2** 분량의 된장과 산야초발효액을 섞어 양념장을 만든 뒤 ①에 넣고 바락바락 주물러 무친다. **3** 나물에 양념이 골고루 스며들었으면 참기름을 넣고 살짝 버무린다.

뜯어도뜯어도 자고 일어나면 수북이 자라 있는 것이 돌나물입니다. 노랗게 피는 꽃도 참 곱습니다. 이른 봄부터 초가을까지 돋아나는 돌나물은 반찬이 없을 때 손쉽게 차려낼 수 있는 효자나물입니다. 요즘같이 봄을 타는 계절에는 돌나물과 톡 쏘는 매운맛이 나는 냉이잎 등을 넣어 즉석 물김치를 만들어 먹습니다. 달콤한 유자청과 배 몇 조각도 함께 썰어 넣으면 상큼한 맛에 마냥 먹게 됩니다. 주변에 피어있는 제비꽃도, 민들레 꽃잎도 띄워주면 작은 정성에 환호성입니다.

자연요리 연구가의 | 텃밭 음식

돌나물 물김치

준비하기 ● 돌나물 2줌, 냉이잎 1/2줌, 민들레꽃 2송이, 배 1/4개, 유자청 2작은술, 식초 1큰술, 청양고추 1개, 소금 2작은술, 물 3컵

만들기 ● 1 돌나물과 냉이를 깨끗이 손질해 씻어놓는다. 2 청양고추는 곱게 다진다. 3 배를 껍질째 얇게 썰어놓는다. 4 볼에 준비한 재료를 모두 담고 유자청, 소금, 식초를 넣어 10분간 절여놓는다. 5 ④에 물을 넣고 양념이 물에 배어나오도록 살살 저어 준 뒤 민들레 꽃잎을 띄워 낸다.

Tip 꽃잎 속에 벌레가 남아 있을 수 있으므로 식촛물에 담가뒀다가 사용하는 것이 좋다.

어린 시절, 봄이 오면 우리 집 밥상에는 제일 먼저 홑잎 나물이 올라왔습니다. 어머니는 자질한 나뭇잎 같은 것들을 조물조물 무쳐서 밥에 쓱쓱 비벼주셨습니다. 어떤 날은 고추장에, 어떤 날은 들기름에 소금 간만으로 무쳐주신 나물은 제 입맛에 쏙 들었었지요. 한동안 잊고 지내다가 어른이 되고 문득 홑잎 나물 생각이 나서 친정어머니께 여쭤보니 홑잎이라고만 하고 계시지 제대로 된 나물 이름은 모르신답니다. 입안에 남아있던 맛의 기억만으로 오랫동안 재래시장을 찾아 다녔지만 구할 수 없었지요. 인터넷이 발달하고 혹시나 하는 마음에 검색해보니 홑잎은 화살나무 새순이라고요. 집 주변에서도 울타리용으로 흔하게 볼 수 있는 나무였었는데, 바로 옆에 두고 오랫동안 홑잎을 찾아 헤맨 것을 생각하면 지금도 헛웃음이 나옵니다. 덕분에 두 그루의 화살나무를 사다가 마당에 심고 매년 홑잎밥을 해먹지요. 제 아이들에게는 쑥전이 소울푸드라면 제게는 홑잎나물이 소울푸드일 것 같습니다.

자연요리 연구가의 | 텃밭 음식

나물덮밥

준비하기 ● 삶은 구기자순 2줌, 삶은 화살나무순 2줌, 생들깨 2큰술, 생들기름 2큰술, 소금 2작은술, 밥 2공기

만들기 ● 1 구기자순과 화살나무순을 팔팔 끓는 물에 넣고 살짝 데쳐서 찬물에 헹군 뒤 물기를 짜낸다. 2 데친 나물에 분량의 소금, 생들깨, 생들기름을 넣고 가볍게 버무린다. 3 그릇에 밥을 담고 그 위에 나물 무침을 소복이 담아 낸다.

여름
푸르름 짙은 밥상

여름이 점점 길어지는 것 같습니다. 일도 놀이도 먹는 것도 너무 애쓰지 말고 흐르는 대로 가고자 하는데, 변화무쌍한 계절은 느림보이고 싶은 삶에 자꾸만 제동을 겁니다.

저는 8월 한여름 오후 2시경에 태어난 소띠입니다. '소가 땀흘려 일하다가 그늘에서 쉬는 시간에 태어났으니 일복은 없을 거다'라고 친정어머니는 주문처럼 말씀하곤 하셨지요. 옛 말에 소띠는 일복이 많다고 했었나요. 혹여 당신 딸이 고된 삶을 살면 어쩌나 걱정이 많으셨었나 봅니다.

이 즈음이면 이른 봄에 뿌린 씨앗과 모종이 결실을 맺기 시작합니다. 감자며 당근 캐는 것을 시작으로 매실, 보리수, 딸기, 자두 등 여름 과일까지 풍성하니 누구는 텃밭으로 장보러 간다 말하기도 하지요. 화려한 여름 만찬의 시작입니다. 텃밭 구석구석에서 작물을 수확하느라 일손이 부족할 지경이니 어머니의 '주문'은 제게 미처 닿지 못한 모양입니다. 하지만 자급자족의 삶을 스스로 선택한 것이니 일복도 내 스스로 만든 것이겠지요.

6월
솎은 채소로 만든 나들이 음식

상추, 쑥갓, 깻잎, 열무, 당근, 시금치, 루콜라까지 봄에 뿌린 씨앗들이 틔운 싹들로 밭이 빼곡합니다. 겨우내 휴식을 취하며 몸 관리를 잘한 땅의 기운 덕분인지 한 해를 시작하는 첫 농사는 언제나 더 푸르고 윤기가 납니다. '생명은 사고파는 것이 아니다' 라며 토종 씨앗을 아낌없이 나눠주었던 이웃들이 새삼 고맙습니다.

한 곳에 콩 세 알을 심는 것은 새와 사람과 짐승이 사이좋게 나눠먹기 위해서라고 하던가요. 하지만 초보 농사꾼이었던 저는 제대로 싹을 틔울 수 있을지 걱정스러운 마음에 세 알 보다도 많은 씨앗을 욕심껏 뿌렸었습니다. 덕분에 넘치도록 자라난 새싹들로 텃밭은 잔디밭이 돼버렸지요. 작물이 제대로 자라려면 빼곡히 들어찬 싹들을 솎아줘야 하는데 솎아낸 새싹의 양이 남겨진 것보다 훨씬 많았습니다. 버리자니 못내 아까워서 이렇게 저렇게 먹기 시작한 것이 이제는 그 맛에 반해서 넉넉히 뿌리지요. 밭에서 방금 솎아낸 어린 채소는 손으로 만지는 것조차 조심스러워 떡잎만 뜯어내고 흐르는 물에서 흙만 살살 털어내면 됩니다. 먹는 법도 세상에서 제일 쉽습니다. 양푼에 밥 한 공기 넣고 밥보다 더 많은 어린잎채소를 담아 쓱쓱 비비면 최고로 맛있는 초록 비빔밥이 됩니다. 비빔밥 양념은 생들기름과 생된장만으로도 더 없이 맛있지요.

바람도 살랑 불고 볕도 따스하고 수확도 풍성하니 도시락 싸서 소풍가면 좋겠습니다.

자연요리 연구가의 | 텃밭 음식

깻잎순주먹밥

준비하기 ● 현미 1컵, 녹미 1컵, 속은 깻잎 순 4줌, 산초잎 1/2줌, 산초장아찌 2작은술, 참기름·굵은 소금 약간씩

만들기 ● 1 불려놓은 녹미와 현미를 넣고 밥을 짓는다. 2 속은 깻잎과 산초잎을 곱게 다져놓는다. 3 밥에 다진 깻잎, 산초잎, 산초장아찌, 참기름, 소금을 넣고 버무린다. 4 먹기 좋은 크기로 동그랗게 빚는다.

Tip 집 주변에 산초나무 한 그루쯤 심어놓으면 잎, 열매 모두 음식의 맛과 향을 내는 데 쓰임새가 많다.

자연요리 연구가의 | 텃밭 음식

어린잎 채소겉절이

준비하기 ● 열무, 상추, 시금치, 쑥갓, 래디시, 돌나물 등 속은 채소 5줌, 집간장 1큰술, 오미자 발효액 2큰술, 고춧가루 1큰술, 참깨 2작은술

만들기 ● 1 어린 채소를 먹기 좋은 크기로 다듬고 씻어 물기를 빼놓는다. 2 집간장, 오미자 발효액, 고춧가루, 참깨를 넣고 먹기 직전에 버무린다.

Tip 집간장 대신 멸치액젓을 넣거나 기름을 넣어도 맛있다.

오늘은 소풍 가기로 했으니 도시락을 준비해야겠어요. 소풍 친구들이 대부분 텃밭을 가꾸고 있어 이 계절에는 저마다 싸온 도시락이 방금 딴은 쌈 채소, 풋고추, 어린 열무 등입니다. 같은 상추라고 해도 밭이 다르면 맛이 다 다르니 언제 먹어도 꿀맛이지요. 집집이 풀어놓은 쌈들이 한 상 가득해도 순식간에 없어지곤 합니다.

하지만 오늘은 색다른 도시락을 만들어보기로 했습니다. 어린잎 채소를 듬뿍 넣은 샌드위치입니다. 저는 뿌리도 먹을 수 있으면 다 먹자는 주의니, 여린 루콜라와 상추뿌리를 일일이 다듬을 필요가 없지요. 흐르는 물에 살살 씻어내면 실낱같은 새하얀 잔뿌리가 수북이 드러나는 것이 어찌나 식욕을 자극 하던지요. 지난 가을 수확해서 말려둔 땅콩을 깨와 함께 볶은 뒤 절구에 갈아 즉석에서 만든 땅콩버터도 곁들였습니다. 밥사발만한 크기의 돌절구를 사용하곤 하는데 제겐 더없이 요긴한 주방기구입니다. 거칠게 갈아진 식재료를 입안에 넣었을 때 느껴지는 맛은 전기분쇄기로 간 것과는 비교할 수 없을 만큼 좋지요. 절구를 사용하는 일은 결코 번거롭지 않으니 주방 한 쪽에 올려놓아두면 언제든 손쉽게 사용할 수 있습니다. 재료가 지닌 본래의 맛을 죽이지 않고 살려주는 똑똑한 도구입니다.

자연요리 연구가의 | 텃밭 음식

어린잎 채소샌드위치

준비하기 ● 샌드위치용 빵 2개, 상추 잎 12장, 속은 루꼴라와 상추 4줌, 땅콩버터(볶은 땅콩 3큰술, 참깨 1큰술, 소금 1작은술, 현미유 3큰술), 올리브오일 4큰술, 소금 1작은술

만들기 ● **1** 달궈진 팬에 땅콩을 껍질째 볶는다. **2** 손절구에 분량의 볶은 땅콩, 참깨, 소금을 넣고 거칠게 빻은 뒤 현미유를 넣고 잘 섞어 땅콩버터를 만든다. **3** 속은 상추와 루꼴라에 올리브오일, 소금, 후추를 넣어 가볍게 버무려놓는다. **4** 샌드위치용 빵을 반으로 갈라서 땅콩버터를 바른다. **5** ④에 상추를 6~7장 겹겹이 쌓고 그 위에 버무린 어린 채소를 듬뿍 올려 마무리한다.

Tip 땅콩버터를 부드럽게 만들고 싶다면 땅콩을 핸드믹서기로 곱게 갈면 된다.

땅콩버터는 특히 어린아이들이 즐겨먹는 음식인 만큼 집에서 직접 만들어 먹었으면 좋겠습니다. 땅콩은 지방이 많아서 빨리 산패하기 때문에 신선함이 생명이지요. 먹어보면 불쾌한 맛이 나는 것을 한두 번은 경험하셨을 겁니다. 제가 '맛난 시금치뿌리를 우리에게 돌려주세요' 라고 캠페인을 벌이고 싶은 것 처럼, '신선함이 생명인 땅콩버터는 집에서 만들어 먹읍시다. 꼭! 꼭!' 이라고 호소하고 싶답니다.

7월
토종 허브를 이용한 여름 건강 밥상

여름 뙤약볕만큼이나 강렬한 향의 토종 허브들이 마당 곳곳에서 무리지어 자라고 있습니다. 매년 스스로 나고 자라는 아이들이라서 혹여 잡초에 섞여 뽑혀 나갈까봐 새싹이 돋아나는 그 순간부터 특별한 관심을 쏟으며 지켜본답니다. 붉은 깻잎이라고도 불리는 자소엽, 슬쩍 건들기만 해도 향을 내뿜는 배초향, 사찰에서 스님들이 즐겨 드신다는 고수, 물고기 비린내가 난다는 어성초, 긴병풀꽃, 산박하, 산초나무까지…. 향이 강한 식물일수록 살균효과가 탁월하다고 하지요. 로즈마리, 라벤더 등 서양에서 들여온 허브에 대해서는 널리 알려져 있는데 우리 토종 허브에 대해서는 관심이 적은 듯해서 안타깝습니다.

자소엽과 어성초는 한때 탈모예방치료제로 온갖 매체에서 앞다퉈 방송했던 식물이지요. 언젠가 베트남 여행길에서 월남쌈 재료에 생어성초잎이 섞여있어서 깜짝 놀랐던 기억이 있습니다. 온갖 향채를 즐겨먹지만 어성초향만은 아직 적응이 안된답니다. 매실과 자소엽을 소금에 절여서 만든 일본식 장아찌 우메보시라고 있습니다. 살균·소화·해독 작용이 뛰어난 매실과 자소엽의 만남은 최상의 궁합이죠. 일본은 습도가 높은 섬나라인 데다가 생선요리를 즐겨 먹기 때문인지 이 두 재료를 섞어서 만든 우메보시가 우리나라 김치만큼이나 밥상에 자주 오른답니다. 하지만 우메보시 만드는 방법은 매우 까다롭고 시간도 오래 걸립니다. 그래서 쉽고 간편하게 먹을 수 있도록 피클로 만들어보았지요. 매실 신맛이 강해서 식초를 조금만 넣었는데도 한 입 먹어보니 정신이 번쩍 듭니다.

자연요리 연구가의 | 텃밭 음식

매실자소엽피클

준비하기 ● 청매실 과육 300g, 자소엽 30g, 물 1.5컵, 식초 2/3컵, 유기농 설탕 1컵, 소금 1.5큰술

만들기 ● 1 깨끗하게 씻은 청매실을 방망이로 깨서 씨앗을 빼고 남은 과육을 먹기 좋은 크기로 자른다. 2 자소엽에 소금을 뿌려 바락바락 주무른 뒤 두 번 정도 헹궈 떫은맛을 빼낸다. 3 소독한 병에 매실과 자소엽을 켜켜이 담는다. 4 냄비에 분량의 물, 소금, 식초, 유기농 설탕을 넣고 끓인다. 5 ④를 한 김 식힌 뒤 병에 붓는다. 6 10일정도 숙성시킨 뒤 먹는다.

자소엽은 보라색물이 참 곱습니다. 설탕을 넣고 진하게 끓여 시럽으로 만들어 뒀다가 물에 희석해서 마시면 여름철 건강음료로 좋습니다. 속이 불편하다는 지인에게 얼음 동동 넣고 산박하 한 잎 띄워 대접하니 트림 한 번 시원하게 하십니다.

늦은 봄부터 초가을 보라색 꽃이 피고 씨앗이 맺힐 때까지 즐겨 먹는 것이 배초향, 일명 방아잎입니다. 꿀풀과 풀로 우리나라 전국 어디서나 잘 자라는데 남쪽 지방에서는 오래전부터 추어탕이나 매운탕 또는 회를 먹을 때 없어서는 안 되는 향채로 널리 쓰였다고 합니다. 저는 한참 어른이 되어서야 그 맛을 알았지요. 방아잎은 다른 허브에 비해 뒷맛이 달고 유독 고소합니다. 어린 순일 때는 샐러드에 살짝 곁들여주고 큰 잎은 쌈채소로, 꽃이 피면 꽃송이째 튀김으로 먹으면 좋습니다. 요즘 같은 한여름에는 밀가루 반죽을 해서 전을 부치기도 합니다.

자연요리 연구가의 | 텃밭 음식

완두콩방앗잎전

준비하기 ● 완두콩 200g, 방앗잎 2줌, 현미쌀가루 3큰술, 물 5큰술, 된장 1/2큰술, 소금 1/2작은술, 현미식용유 약간

만들기 ● **1** 완두콩을 껍질째 삶은 뒤 콩만 빼낸다. **2** 삶은 완두콩을 절구에 넣고 거칠게 빻는다. **3** 방앗잎을 곱게 채 썬다. **4** 그릇에 완두콩과 방앗잎을 담은 뒤 쌀가루, 물을 넣고 섞는다. **5** 된장과 소금으로 간하고 팬에 부친다.

마침 완두콩도 제철이니 삶아서 으깬 완두콩에 방아잎 송송 썰어 넣고 된장 양념해서 부쳤습니다. 방아잎의 향긋함과 완두콩의 고소함이 입 안 가득 퍼집니다. 마당 주변에 여유 있는 땅이 있다면 방아 씨를 뿌려보세요. 늦여름에 무리지어 피어난 보라색 꽃은 남프랑스의 라벤더 꽃 못지않게 아름답습니다.

자연요리 연구가의 | 텃밭 음식

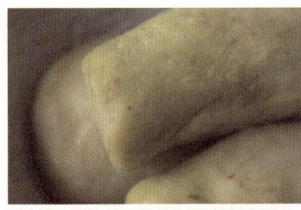

짠무고수냉국

준비하기 ● 짠무 1개, 고수 1줌, 오이 1/2개, 식초 1큰술, 물 10컵

만들기 ● **1** 짠무를 나박김치크기로 썰어 물에 담가 짠맛을 우려낸다. **2** 오이를 0.3 cm 두께로 썰어놓는다. **3** 고수는 잎과 줄기를 분리해서 2cm크기로 썰어 놓는다. **4** 물에서 건져낸 짠무에 오이, 고수를 넣고 식초나 매실발효액 1큰술을 넣고 잠시 재워놓는다. **5** ④에 짠무 우려낸 물을 다시 넣고 먹을 만큼씩 그릇에 담아 얼음 몇 조각을 띄운다.

Tip 짠무를 우려낸 물은 버리지 않고 그대로 국물로 사용한다.

혹시 몇 해는 묵었을 법한, 뿌리가 굵은 고수 맛을 아시는지요. 몇 해 전 한겨울에 전남 무주에 있는 어느 식당에서 쌈채소로 나왔던 고수맛을 잊을 수가 없습니다. 뿌리는 도라지처럼 굵고 맛은 달고 깊은데 향은 강하지 않고 은은했습니다.

이곳 파주에서는 추위 때문에 고수씨앗을 매년 뿌리지요. 한해살이 풀이니 가늘고 여리지만 그래도 시골 식당에서 먹었던 그 고수 맛이 제법 난답니다. 저는 고수를 워낙 좋아해서 동남아 음식을 즐겨 만들어 먹습니다. 하지만 한 여름에는 짠무를 나박하게 썰어서 물김치를 만들고 고수잎을 듬북 넣지요. 한여름 더위와 혹시모를 여름질병을 예방하기위한 우리집만의 별미 음식입니다. 물에 우려낸 짠무 물김치에 식초 한방울 떨어트리고 향긋한 고수잎 올려 얼음까지 동동 띄워내면 그 맛과 향이 절묘하게 조화롭습니다.

8월
채소 꽃대를 활용한 8월의 만찬

봄부터 여름까지 텃밭은 열무며 각종 쌈 채소를 쉼 없이 길러내 주었습니다. 덕분에 올해도 어김없이 가족의 밥상은 건강한 제철 채소들로 풍성했지요. '고맙다' 하고 인사합니다. 장마와 무더위가 찾아오면서 초록의 잎채소들을 찾아보기 힘들어진 텃밭은 이제 잠시 숨고르기를 하는 중입니다.

가을 농사를 준비하며 휴식을 취하고 있는 밭 한쪽에는 열무며 루콜라, 겨자채, 고수 등이 꽃을 피워 씨앗을 맺고 있습니다. 내년 봄 농사를 위해 씨앗을 받으려고 일부 남겨놓았습니다. 제게 씨앗을 아낌없이 나눠주었던 분들과 약속을 했었지요. 씨앗을 받아서 다른 분들께 저도 꼭 나눠주겠다고요. 종자를 위해 부러 남겨놓지 않았다면 열무 꽃이 연보라색인지, 겨자채 꽃이 이렇게 작디작은 노란색 꽃을 피우는지, 고수 꽃이 안개꽃보다도 더 안개 같은 느낌인지 알 수 있었을까요. '꽃들은 어떤 맛일까?' 호기심이 발동해 한두 송이 따서 먹어보니 재미있게도 열무 꽃은 열무 맛이 나고, 겨자채 꽃은 겨자처럼 코가 찡하도록 매웠습니다. 그렇다면 이 꽃들로도 음식을 만들 수 있겠구나 싶었지요. 아, 꽃대들로 차린 만찬! 새로운 밥상이 탄생하는 순간입니다. 매년 햇마늘이 날 때면 마늘종으로 장아찌를 만듭니다. 소금에 절인 장아찌를 고추장에 박아놓았다가 먹기도 하고 고춧가루와 쌀엿조청으로 즉석에서 무쳐내기도 합니다. 마늘종은 꽃이 있는 머리 부분까지 모두 장아찌를 담그지만 꽃대 부분은 매우 질겨져서 이리저리 치이게 되지요. 그래서 이번에는 장아찌를 담기 전에 꽃대만을 잘라내서 음식을 만들었습니다. 보라색 꽃이 만발한 열무꽃대를 손으로 톡톡 끊으니 마치 고사리 꺾듯 손맛이 좋습니다. 꺾여진 줄기에서 초록단물이 나옵니다. 연한 부분을 다듬어 입에 넣으니 맛이 매콤 달달한 것이 별미입니다. 봄 열무와 달리 여름열무는 한순간에 벌레들의 밥이 되기 때문에 제 차례까지 오는 것이 쉽지 않습니다. 올여름에도 잎과 줄기 어느 곳 하나 성한 곳이 없어서 적당히 버려두었더니 이렇게 꽃만 무성합니다. 보라색 꽃대를 꺾어 샐러드도 만들고 살짝 삶아서 나물로도 먹으니 입안이 꽃밭입니다.

자연요리 연구가의 | 텃밭 음식

마늘종꽃대덮밥

준비하기 ● 꽃대 수북이 2줌, 말린톳 수북이 1큰술, 완두콩 2큰술, 현미밥 2공기, 홍고추 2개, 집간장 2큰술, 생들기름 2큰술

만들기 ● 1 마늘종의 꽃대 부분을 6~7cm 길이로 잘라낸다. 2 끓는 물에 꽃대를 삶아 건져내 찬물에 헹군 뒤 채반에서 물기를 뺀다. 3 완두콩은 삶아놓고 말린 톳은 살짝 불려놓는다. 4 팬에 기름을 두르고 말린 홍고추를 볶아 매운맛을 낸다. 5 ④에 마늘종꽃대, 완두콩, 톳을 넣고 들기름, 집간장으로 간한 뒤 밥에 올려 낸다.

Tip 마늘종 꽃대를 삶지 않고 팬에 기름을 두르고 졸이듯이 한 후 나머지 재료를 넣어도 쫄깃한 맛이 있어서 좋다.

자연요리 연구가의 | 텃밭 음식

열무꽃대느타리버섯볶음

준비하기 ● 열무꽃대 3줌, 느타리버섯 2줌, 소금·생들기름 약간씩

만들기 ● 1 열무꽃대를 줄기째 20cm 길이로 꺾어놓는다. 2 식초를 떨어뜨린 물에 한동안 꽃대를 담갔다가 꺼내서 찬물에 헹군다. 3 끓는 물에 꽃대를 넣어 데친 후 찬물에 헹군다. 4 잘게 찢은 느타리버섯을 달궈진 팬에 볶아 수분을 날려준다. 5 팬에 생들기름을 두르고 열무꽃대를 넣고 볶다가 느타리버섯을 넣고 소금으로 간한다.

자연요리 연구가의 | 텃밭 음식

겨자채꽃소스 배샐러드

준비하기 ● 배 1개, 겨자꽃 1줌, 식초 2큰술, 꿀 2큰술, 소금 1작은술

만들기 ● 1 줄기째 끊은 겨자꽃을 절구에 넣고 곱게 찧는다. 2 ①에 식초, 꿀, 소금을 넣어 소스를 완성한다. 3 배를 큼직하게 썰고 그 위에 소스를 끼얹는다.

태양볕을 온전히 받고 자란 겨자채잎은 독하도록 매워 정신이 번쩍 들 지경입니다. 다른 쌈채소 속에 숨겨 넣어도 겨자의 매운맛만 살아납니다. 코까지 찡하도록 톡 쏘는 매운맛에 중독되어 눈물 찔끔하면서도 또 먹게 되지요.
그토록 매운 맛을 내는 겨자채의 꽃이 이렇게 오밀조밀 수줍은 모습일 거라고는 생각하지 못했습니다. 쌈채소들 중에 가장 먼저 벌레 밥이 되는 채소가 바로 겨자채 아니던가요. 워낙 맛이 매워서 벌레들도 가까이 하지 못할거라고 생각했는데 꽃의 모양새를 보니 이렇게 여린 구석이 있었구나 싶습니다. 겨자채 꽃송이와 덜 여문 씨앗, 줄기까지 함께 갈아서 겨자소스를 만들었습니다. 꿀과 식초를 더해 맛을 내니 소스 맛이 상큼 발랄합니다. 맛이 없다고 냉장고 안에서 이리저리 구박받고 있는 참외나 배가 있다면 겨자채꽃소스를 듬뿍 얹어 디저트로 내보세요. 맛없던 과일의 부활입니다.

가을
풍성한 먹을거리의 향연

점점 길어지는 여름 더위로 가을이 설 곳이 줄어들 것만 같습니다. 곡식도 영글어야 하고 과일들도 더 맛있게 익으려면 높고 푸른 가을 하늘빛도 바람도 비도 있어야 하는데 은근히 걱정스럽습니다.
밭 몇 평으로 재미삼아 자급자족하는 우리네야 올해 농사가 안되어도 그저 속이 상할 뿐, 내년을 기약하면 그만이지요. 하지만 일 년 농사로 가족의 생계를 꾸려야하는 진짜 농부님들에겐 해마다 변해가는 이상기온이 걱정이겠습니다. 올해도 어김없이 수확의 계절 가을이 왔으니 풍년이면 좋겠습니다.

9월
달콤한 열매채소로 차린 초가을 밥상

한여름의 뜨거운 태양 덕분일까, 8월에 뿌려준 웃거름 때문일까, 아니면 건강한 땅심, 부지런한 농부의 발자국 소리 때문일까요. 가지, 고추, 애호박, 단호박, 뒤늦게 발견한 늙은 호박까지, 텃밭에서 수확한 농산물이 풍년입니다. 호기심 반 기대 반으로 심었던 박과 여주까지도 이제는 없어서는 안 될 반찬이 되어주니 매년 수확하는 재미가 쏠쏠합니다. 끓이고 볶고 튀기고 삶고, 어떻게 조리해도 맛있는 것이 가을 열매채소인 것 같습니다. 저는 호박은 뭐든 참 좋아합니다. 애호박, 단호박, 늙은호박, 땅콩호박, 그 중에서 제일 좋아하는 것은 늙지도 젊지도 않은 푸르뎅뎅한 일명 '못난이 호박' 입니다. 큼직하게 듬성듬성 썰어서 들기름과 고춧가루 약간, 집간장으로 양념해 뭉근하게 끓이거나 호박에 된장만 풀어서 푹푹 끓여 밥에 얹어 비벼 먹으면 밥도둑이 따로 없습니다. 김장철에는 이 못난이 호박과 우거지를 넣고 찌개용 김치를 만들어 놓습니다. 폭 익혀서 들기름 넣고 끓이면 이 또한 맛있습니다. 그래서 저는 쓸모 많은 못난이호박을 더 귀하게 여기지요. 실수로 설익은 단호박을 따도 아까워하며 버리지 마세요. 두툼하게 반달썰기를 해서 찜도 하고 구이도 하면 됩니다.

특히 속살이 하얀 박의 맛을 알게 된 것은 텃밭을 하면서 얻은 큰 수확입니다. 박 씨 세 알을 감나무 밑에 심었습니다. 무심히 지나치던 어느날, 박 넝쿨이 20년 된 아름드리 감나무를 온통 뒤덮고 있는 것을 발견했습니다. 마치 동화 속 '잭과 콩나무' 의 콩나무처럼 거인이 살고 있는 하늘까지 올라갈 기세입니다. 넝쿨을 거둬내느라 고생했지만 감나무에 감이 아닌 박이 주렁주렁 열리는 재미있는 경험을 했습니다. 텃밭을 손질하다 보면 열매가 다 익기도 전에 톡, 따버리는 실수를 종종 합니다. 수확시기를 놓쳐서 너무 익어버린 열매도 있고요. 덜 익어서 또는 너무 익었다고 버리지 마세요. 그것은 그것대로 알맞은 조리법을 찾아서 만들어 먹으면 되니까요.

자연요리 연구가의 | 텃밭 음식

박속맑은국

준비하기 ● 박속 2컵, 물 4컵, 천일염 1작은술, 생들기름 1/2큰술, 곱게 간 생들깨 1/2큰술

만들기 ● 1 박을 반으로 가른다. 2 계량스푼이나 티스푼으로 박을 동글동글하게 파낸다. 3 냄비에 들기름을 살짝 두르고 박속을 넣고 투명해질 때까지 볶는다. 4 물을 붓고 끓이다가 들깨가루, 소금을 넣고 한소끔 끓인다.

박을 켜면 뽀얀 속살이 드러납니다. 마치 젤리처럼 쫄깃하기도 하고 솜사탕처럼 부드럽기도 합니다. 박은 따뜻한 요리를 해서 먹든 찬요리를 해서 먹든 '어, 시원하다' 소리가 절로 납니다. 맛이 밋밋해서 자칫 무엇을 먹고 있는지 놓쳐 버릴 수도 있겠지만, 먹으면 먹을수록 소박하고 기품이 있습니다. 맛이 깔끔해서 소금간만으로도 충분하고요. 가끔은 들깨나 들기름으로 맛과 향을 더 해도 좋습니다.

자연요리 연구가의 | 텃밭 음식

모듬채소구이덮밥

준비하기 ● 가지 1개, 파프리카 2개, 덜 여문 단호박 1/4개, 현미밥 2공기, 된장소스(된장 1/2큰술, 산야초발효액 2큰술, 생들기름 1큰술), 간장소스(집간장 2큰술, 현미식초 1큰술, 다진 청양고추 1개, 쌀엿조청 2큰술, 참기름 1큰술)

만들기 ● **1** 가지는 1/4등분 하여 부채꼴 모양으로 칼집을 내고 파프리카는 반으로 자른다. 단호박은 1cm 두께로 반달썰기하고 청양고추는 다진다. **2** 넓은 팬에 가지, 파프리카, 단호박을 올려놓고 굽는다. **3** 가지에는 된장소스, 파프리카에는 간장소스, 단호박에는 생들기름을 발라가며 다시 한 번 굽거나 볶는다. **4** 접시에 현미밥을 담고 구운 채소를 담는다.

가을 텃밭엔 보라색 가지며 빨갛고 노란 파프리카가 주렁주렁 많이도 달렸습니다. 수확물이 한꺼번에 많이 나오면 어떻게 먹어야 할지 당황스럽지요. 하지만 걱정할 필요 없습니다. 가지도 파프리카도 큼직큼직하게 반으로 갈라서 팬에 노릇하게 구워 내놓으면 그 많던 채소가 순식간에 없어질 만큼 맛있습니다. 채소는 불에 직접 구우면 맛이 훨씬 풍부해지지요. 여기에 다양한 소스까지 곁들이면 화려한 일품 요리가 됩니다. 채소를 굽기만 하면 되니 얼마나 간편한지요.

특히 열매 채소를 손질할 때 씨앗 부분을 버리는 경우가 많습니다. 파프리카도 가운데 씨있는 부분을 뭉텅 도려내 버리지요. 하지만 저는 습관처럼 씨앗을 먹습니다. 씨앗 한 톨이 품은 생명력을 생각한다면 먹어도 나쁘지 않겠지요. 씨앗 하면 웃지못할 '사건'이 가끔 생각납니다. 딸아이가 여섯 살 때 일이지요. 수박씨앗은 당연히 뱉어내야 하는 것으로 알았던 딸아이가 그만 수박씨앗을 삼켜버린 것입니다. '뱃속에서 수박이 자라면 어쩌지' 하는 아이의 상상력은 극도의 공포로 나타났고 거의 실신할 지경이었지요. 그런 아이를 어찌 달래줄 수 없어 함께 울었던 기억이 있습니다. 다행히도 딸아이의 상상력이 제대로 잘 자라줘서 지금은 영화 감독의 꿈을 안고 열심히 공부하고 있답니다.

자연요리 연구가의 | 텃밭 음식

여주숙회

준비하기 ● 여주 1개, 물 1컵, 식초 2큰술, 설탕 1큰술, 초고추장(고추장 1/2큰술, 오미자 발효액 1큰술, 현미식초 1큰술, 쌀엿청 11/2큰술, 붉은 파프리카 1/4쪽, 홍고추 1/2개)

만들기 ● 1 여주는 반으로 갈라 씨앗을 뺀다. 2 손질한 여주를 끓는 물에 튀기듯 삶아서 찬물에 담근다. 3 식초, 설탕, 물을 섞은 것에 여주를 하루쯤 재워 쓴맛을 우려낸다. 4 ③의 물기를 제거하고서 한 입 크기로 어슷썰기 해서 접시에 담고 초고추장을 뿌린다.

Tip 초고추장을 만들때 파프리카를 갈아서 넣으면 맛이 시원하고 향긋하다.

가을 열매 중엔 여주도 있습니다. 울퉁불퉁 못생기고 맛도 쓰디써서 어디에 쓸까 싶은 여주는 사실 매력 덩어리입니다. 씹으면 씹을수록 쌉싸래한 맛 뒤에 향긋한 바다내음이 느껴지는 것이 꼬들꼬들한 식감까지 더해져서 눈감고 먹으면 영락없는 해삼 입니다. 당뇨 치료에 탁월하다고 알려져있어서 요즘 들어 재배가 많이 늘어났지만 주로 약용으로 쓰입니다. 여주를 끓는 물에 살짝 데쳐서 쓴 맛을 우려내거나 식촛물, 설탕물 등에 절여뒀다가 필요할 때마다 꺼내서 조리하면 제법 특별한 음식을 만들 수 있습니다. 장아찌나 피클을 만들어도 아삭한 식감이 참 좋습니다.

10월
다양한 이파리로 채운 가을 밥상

가을 상추는 문 걸어 잠그고 혼자 먹어야 할 만큼 맛있다고 하는데. 올해는 초가을까지 계속된 더위 탓인지 첫 잎 한 번 따 먹지도 못하고 꽃대가 올라와버렸습니다. 유난히 높은 온도탓에 밭에 뿌린 가을 채소까지 피해를 입을까 걱정이었습니다. 다행히도 김장용 무, 배추는 튼실하게 잘 자라고 있으니 배추벌레들이 포식하고 있는 것쯤은 적당히 눈감아줘야겠습니다. 9월부터 11월까지는 수확하고 갈무리하는 시기라 몸이 몹시 고됩니다. 붉게 익은 고추를 따서 말리는 것을 시작으로 고추간장절임, 고추소금절임, 고추부각 등 수확한 고추를 저장하는 일도 만만치 않습니다. 가지와 호박은 썰어서 말리고 토란대와 고구마 줄기는 삶아서 널어야 하고 온갖 장아찌와 피클도 담가야 합니다. 모두 내 정성으로 키우고 거둬들인 수확물이다 보니 작은 뿌리, 잎 하나 버려지는 것이 아깝습니다. 텃밭을 시작한 뒤부터는 음식을 만드는 재료들이 훨씬 풍부해졌습니다. 무심코 버렸던 많은 것들이 다 훌륭한 먹을거리였으니까요.

고구마를 먹고 고구마 줄기도 먹으니 잎도 당연히 먹는 것일 텐데 그동안은 낯선 재료였습니다. 조선시대 실용 대백과사전이라고도 할 수 있는 '임원경제지' 중 음식을 기록한 '정조지'편에 보면 고구마잎을 넣고 끓인 국이 나옵니다. 정조지에 실린 그대로 간장으로만 간을 해서 국을 끓여보니 맛이 부드럽고 깔끔합니다. 울타리에 박잎과 호박잎이 무성합니다. 서로 모양새가 비슷해서 엉켜 있으면 어느 것이 호박잎이고 어느 것이 박잎인지 구별하기가 어렵습니다. 손으로 만져보면 박잎은 뒷면이 보드랍고 두툼합니다. 호박잎은 까실까실하지요. 하지만 호박잎이든 박잎이든 모두 쪄서 쌈으로 먹으면 감칠맛이 그만입니다. 박잎은 바락바락 주물러 된장국을 끓여도 좋고 추어탕에 넣어도 좋습니다. 박잎을 넓게 펴서 양념한 두부나 호박, 부추 등으로 속을 채우고 김말이 하듯 말아서 찜기에 쪄내면 고급스러운 일품요리가 됩니다. 박잎에 메밀가루 반죽과 밀가루 반죽에 치자물을 들인 것으로 옷을 입혀서 무쇠 팬에 노릇노릇 지져냅니다. 내친김에 호박꽃도 메밀반죽 옷을 입혀 부쳤습니다. 눈도 즐겁고 먹는 재미도 좋습니다.

배고프던 시절 고구마잎을 넣고 죽을 끓여 먹었다는 이야기도 들은 적이 있어서 한번 만들어 보았습니다. 표고버섯, 다시마, 구기자, 둥굴레 등으로 구수한 맛물을 만들고 된장을 풀어서 푹 끓이니 보양식이 따로 없습니다. 삶아 말려서 묵나물로 만들어 놓아도 좋을 것 같고 말린 고구마 잎을 듬뿍 넣고 밥을 지어 양념장에 비벼 먹어도 맛있을 것 같습니다. 이제는 고구마가 잘 여물지 않았다고 해서 실망하지 않으렵니다. 고구마잎을 뜯어서 죽도 끓이고 묵나물도 만들어 놓으면 되니까요. 고구마잎과의 만남은 농사지으면서 얻은 또 하나의 큰 수확입니다.

자연요리 연구가의 | 텃밭 음식

고구마잎 된장죽

준비하기 ● 고구마잎 6줌, 불린 현미와 녹미 2컵, 쌀뜨물 8컵, 된장 1큰술, 맛물 2컵(구기자 1작은술, 둥굴레 · 느릅나무 · 표고버섯 · 다시마 약간씩)

만들기 ● 1 현미와 녹미를 깨끗이 씻어 하루 전날 물에 담가 불려놓는다. 2 구기자, 둥굴레, 표고버섯, 다시마 등 분량의 재료를 넣고 끓여서 맛물을 만들어놓는다. 3 고구마잎을 두세 가닥으로 찢은 뒤 된장에 버무린다. 4 냄비에 불린 쌀과 쌀뜨물, 맛물을 넣고 센불에서 주걱으로 저어가며 끓여준다. 5 쌀이 어느 정도 물러지면 양념한 고구마잎을 넣고 중불에서 저어가며 끓이다가 약불에서 뭉근하게 끓여서 완성한다.

Tip 맛물은 현미누룽지차나 둥굴레차, 칡차 등을 섞어 끓여도 좋다. 국이나 찌개, 전골 등 국물요리에 다양하게 이용할 수 있다.

자연요리 연구가의 | 텃밭 음식

박잎메밀전

준비하기 ● 중간 크기 박잎 8장, 호박잎 8장, 메밀가루 1/2컵, 우리밀가루 1과 1/2컵, 물 2컵, 집간장 2큰술, 현미유 약간, 치자 물 1컵

만들기 ● 1 큰 쟁반에 박잎을 펼쳐놓고 앞뒤로 우리밀가루를 솔솔 뿌려준다. 2 우리밀가루 1/2컵과 메밀가루를 섞고 물 1컵을 부어 잘 섞은 뒤 간장 1큰술로 간한다. 3 우리밀가루 1컵에 치자 물을 부어 반죽하고 간장 1큰술로 간한다. 4 팬에 기름을 두르고 박잎에 치자 반죽과 메밀 반죽으로 각각 옷을 입혀서 앞뒤로 노릇하게 구워낸다.

Tip 말린 치자를 두세알 잘라서 물에 우리면 노란색물이 나온다. 주로 부침이나 튀김옷, 무절임등의 색을 낼때 사용하지만 밥물로 사용해도 좋다.

빨갛게 익은 고추를 모두 수확하고 나니 일 년 먹을 양념거리로 충분합니다. 고춧가루는 시어머니께서 매년 보내주시니 저는 풋고추와 양념으로 쓸 홍고추 정도만 있으면 됩니다. 아직 덜 자란 고추도 달려있고 꽃도 피어 있지만 날이 추워져 더 이상 고추가 여물지는 않을 것 같습니다. 고춧잎도 훑어내고 꽃이며 덜 여문 고추도 따서 모두 삶아내니 양이 제법 많습니다. 삶아낸 고춧잎이 넉넉하니 고추장양념, 된장양념, 소금양념으로 제각각 다른 맛의 나물을 무쳤습니다. 한 접시에 세가지 맛의 나물을 정갈하게 담아 밥상에 올렸는데 남편은 커다란 양푼에 밥과 함께 무쳐낸 나물을 모두 섞어 비빔밥을 해버립니다. 각각의 맛을 내느라 들인 정성이 아쉽기는 했지만 세가지 양념맛이 섞이니 비빔밥 그 맛도 참 좋습니다.

자연요리 연구가의 | 텃밭 음식

세 가지 맛 고춧잎나물

준비하기 ● 삶은 고춧잎 6줌, 소금 1작은술, 참기름 1큰술, 고추장 1큰술, 오미자발효액 1큰술, 식초 1작은술, 조청 1/2큰술, 된장 1/2큰술, 산야초발효액 1/2큰술, 들기름 1/2큰술

만들기 ● 1 고춧잎을 삶아 찬물에 헹군 뒤 촉촉한 정도로 물기를 짜서 세 등분한다. 2 고춧잎 한 덩이를 분량의 소금과 참기름으로 무친다. 3 고춧잎 두 번째 덩이를 분량의 고추장과 오미자발효액, 식초, 조청으로 무친다. 4 마지막 고춧잎을 된장과 산야초발효액, 들기름으로 무친다.

11월 김장

김장을 하려고 심었던 배추며 무, 갓을 모두 뽑고 나니 밭이 허전합니다. 밭은 지난 봄부터 늦은 가을까지 온갖 먹을거리들을 키워내느라고 참 애썼습니다. 유난히 무더웠던 올여름도 잘 견뎌내고 기승을 부렸던 벌레들의 복닥거림도 잘 참아 주었습니다. 수많은 채소와 열매들에게 아낌없이 양보했던 태양에너지를 이젠 원 없이 받으면서 편안한 휴식을 취하면 좋겠습니다.

어김없이 찾아온 김장 시즌입니다. 배추김치부터 고들빼기김치, 갓김치, 파김치, 무김치 등, 전국 팔도는 물론이요 집집마다 맛이 다른 김치는 생각하는 것만으로도 입에 침이 고입니다. 요즘 젊은이들은 김치를 잘 먹지 않는다고 '쯧쯧' 거리기도 하지만 세상이 아무리 변하고 음식문화가 바뀌어도 혼수용품으로 김치냉장고가 필수인 것을 보면 김치는 여전히 우리 밥상문화에서 밥만큼이나 중요한 음식임에 틀림없습니다.

매년 이맘때가 되면 빨간 고무장갑에 노란색 조끼나 앞치마를 입은 자원봉사자들이 어려운 이웃들에게 나누어줄 김치를 담그는 모습이 텔레비전 뉴스에 어김없이 등장합니다. 수천 포기의 절여진 배추는 산이나 길처럼 그 양이 만만치 않으니 김치를 담그는 모습이 가히 장관입니다. 김장만큼은 가난한 사람 부자인 사람 누구나 평등하게 나눔하는 것이 우리네 오랜 전통이지요.

제 어릴적 기억으로는 친정어머니는 '내년 김장때부터는 문 잠그고 혼자 해야겠다' 라는 소리를 해마다 하셨던 것 같습니다. 옆집 아주머니의 김치 속 넣는 솜씨가 맘에 들지 않아서이지요. 그런데 결혼해서 30여 년이 다 된 지금, 시어머니께서도 친정어머니와 같은 말씀을 매번 반복하십니다. 그렇지만 연세가 80이 다 된 시어머니의 김장품앗이는 올해도 계속되었지요. 어머니들이 김장을 문 잠그고 하지 않은 덕분에 우리나라 김장문화가 '유네스코세계인류무형유산'에 등재된 것이 아닐까 합니다.

자연요리 연구가의 | 텃밭 음식

배추김치

준비하기 ● 절인 배추 2포기, 무 1/2개, 미나리 2줌, 붉은 갓 4줌, 청각 1줌, 늙은 호박 찹쌀풀 2컵, 고춧가루 3컵, 집간장 2/3컵, 토판염 1큰술, 산야초 발효액 1/3컵, 다진 생강 1큰술

만들기 ● 1 절인 배추를 물에 두세 번 씻어서 채반에 건져 물기를 뺀다. 2 무는 곱게 채 썰고 갓과 미나리는 3cm 길이로 썬다. 청각은 잘게 채 썬다. 3 늙은 호박 찹쌀풀에 고춧가루를 넣어 불려놓는다. 4 ③에 무 채, 갓, 미나리, 생강, 청각 등 양념을 넣어 버무리고 나서 간장, 토판염, 산야초 발효액을 넣고 섞는다. 5 절인 배추에 ④로 김치의 속을 꼼꼼히 채워 넣는다.

Tip 절임배추는 배추 1통에 소금 1컵, 물 5컵을 골고루 뿌린 후 4~5시간 절이면 된다. 늙은 호박 찹쌀풀은 늙은 호박을 푹 끓인 후 물에 갠 찹쌀가루를 넣고 묽게 끓여 만든다.

어린 시절, 마당에 묻어놓은 항아리에서 방금 꺼낸 김치는 언제나 살얼음으로 덮여 있었지요. 코와 혀가 찡할 만큼 맛이 시원하고 매콤한 겨자 향이 났었는데, 이제는 어디서도 그 맛을 찾기가 어렵습니다. 어머니의 김치는 경기도식으로 주로 생새우나 새우젓, 소금 등으로 간을 했습니다. 반면 전라도식 김치를 담으시는 시어머니는 큼지막한 초록무에 젓갈과 고추씨를 듬뿍 넣고 무김치를 담그셨습니다. 다 익은 김치는 고추씨의 칼칼함과 무의 시원함이 어우러져 자꾸만 손이 갑니다. 경기도식 김치와 전라도식 김치 사이에서 또 다른 저만의 방식으로 김치를 담아봅니다. 채식음식을 즐겨하는 저는 친정어머니가 쓰시던 새우젓 대신 토판염과 집간장으로 간을 하고 호박죽과 산야초 발효액으로 김치 맛을 냈습니다. 산야초 발효액은 자연요리를 하는 스승에게서 배운 것인데, 깊은 단맛을 낼 뿐 아니라 음식의 발효 · 숙성을 차분하게 도와주는 것 같습니다. 간장과 발효액 등을 넣어 김치를 담그면 바로 먹어도 감칠맛이 있고 익었을 때 맛이 깔끔하고 시원합니다. 시어머니께서 항상 담으시던 무김치는 젓갈 대신 간장과 발효액, 토판염 등으로 맛을 내보았습니다. 다 익으면 무에서 우러나온 국물이 흥건해지니 속이 더부룩한 날에는 이 김칫국물 한 종지로 불편함이 해소될 것만 같습니다.

자연요리 연구가의 | 텃밭 음식

초록무고추씨김치

준비하기 ● 초록무 1단, 고추씨 1컵, 마른 홍고추 간 것 1컵, 생강 1/2큰술, 갓 썬 것 2줌, 청각 1줌, 늙은 호박 찹쌀풀 1컵, 산야초 발효액 1/2컵, 절임용 소금물(물 5컵, 소금 1컵)

만들기 ● 1 깨끗이 씻은 초록무를 소금물에 넣고 3시간 정도 절인다. 2 절인 무를 깨끗한 물에 한 번만 헹군 뒤 물기를 뺀다. 3 늙은 호박 찹쌀풀에 고추씨, 홍고추 간 것, 생강, 갓, 청각, 산야초 발효액을 넣고 고루 섞는다. 4 무를 ③에 넣고 버무려서 항아리에 담는다.

Tip 무는 깨끗이 다듬어 씻은 후 소금에 간간하게 절인 후 한 번 정도만 가볍게 헹궈서 사용해야 무의 단맛이 빠져나가지 않아서 좋다.

가뭄 때문이었을까요 밭에서 뽑은 알타리무가 알이 잘고 질겨서 걱정을 하던 차에 마을 로컬푸드 매장에 가보니 초록무가 있습니다. 초록무는 알타리무보다 알이 크고 둥글지요. 잠깐 나왔다가 들어가는 무라서 자칫하면 시기를 놓치기 쉬운데 이번에는 운이 좋았습니다. 무김치 한 쪽이면 밥 한 공기를 다 먹던 어린 시절 친정아버지는 무청이 길게 늘어진 무김치를 손에 들고 두 손가락으로 무 껍질을 모두 벗겨내 쇠젓가락에 꽂아주곤 했습니다. 하얀 속살을 드러낸 무 김치는 사이다처럼 톡 쏘는 시원한 맛으로 혀를 자극하곤 했었지요.

자연요리 연구가의 | 텃밭 음식

늙은호박김치

준비하기 ● 늙은 호박 작은 것 1/2통, 시래기절임 크게 3줌, 늙은 호박 찹쌀풀 1컵, 고춧가루 1컵, 생강 1큰술, 청각 1줌, 갓 2줌, 집간장 2/3컵, 매실 발효액 1/2컵

만들기 ● **1** 늙은 호박을 반으로 갈라서 껍질을 벗겨 두께 3cm, 길이 7cm 정도 크기로 자른다. **2** 늙은 호박 찹쌀풀에 고춧가루, 매실 발효액, 집간장, 갓, 청각, 생강을 넣고 섞는다. **3** ②에 호박과 시래기를 넣고 버무려서 항아리에 꼭꼭 눌러 담는다.

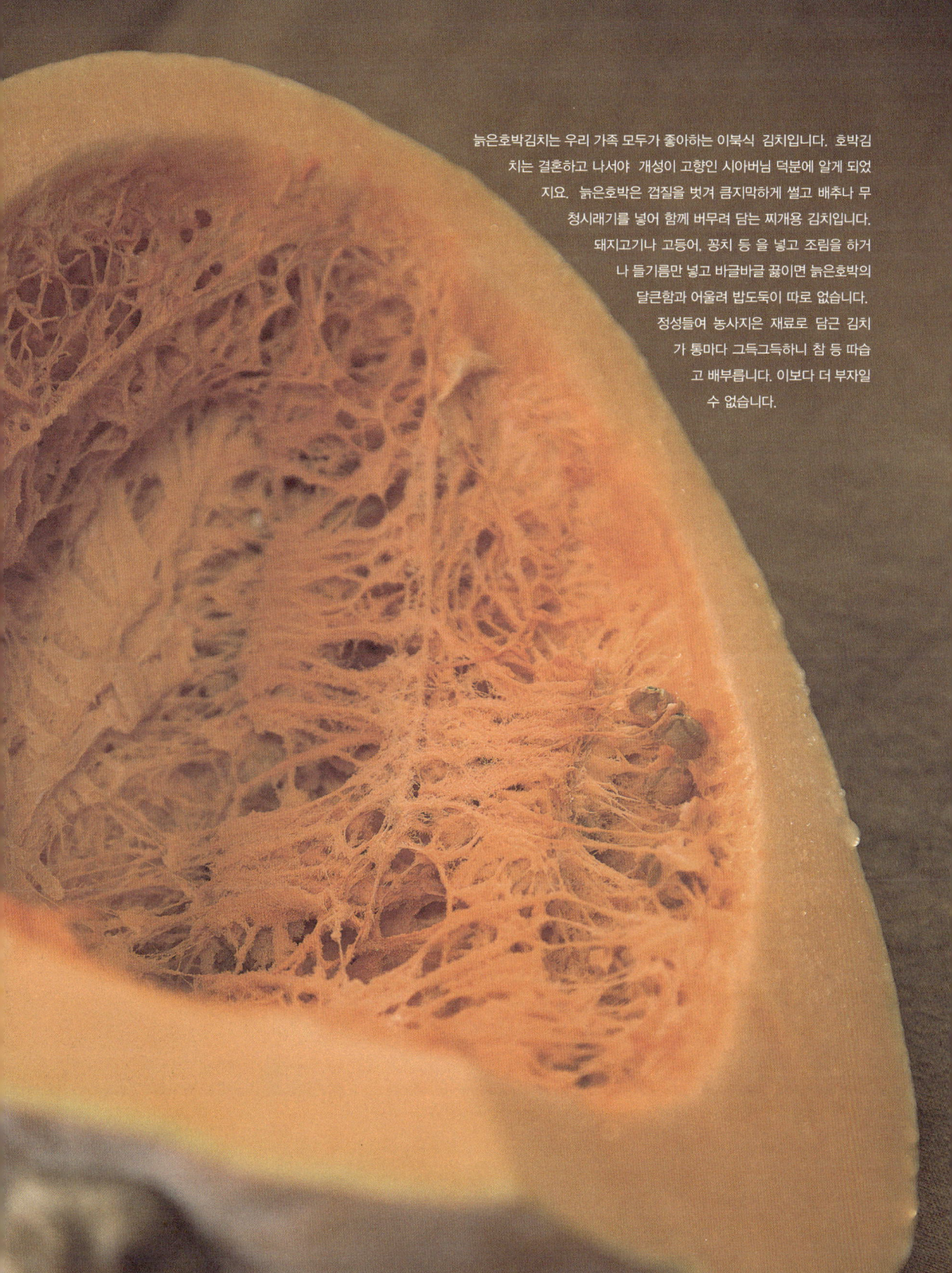

늙은호박김치는 우리 가족 모두가 좋아하는 이북식 김치입니다. 호박김치는 결혼하고 나서야 개성이 고향인 시아버님 덕분에 알게 되었지요. 늙은호박은 껍질을 벗겨 큼지막하게 썰고 배추나 무 청시래기를 넣어 함께 버무려 담는 찌개용 김치입니다. 돼지고기나 고등어, 꽁치 등 을 넣고 조림을 하거나 들기름만 넣고 바글바글 끓이면 늙은호박의 달큰함과 어울려 밥도둑이 따로 없습니다. 정성들여 농사지은 재료로 담근 김치가 통마다 그득그득하니 참 등 따습고 배부릅니다. 이보다 더 부자일 수 없습니다.

겨울
갈무리

마당에 서리가 하얗게 내렸습니다. 코가 시리다 못해 매운 겨울입니다. 이제는 건강을 염려하며 모자를 꼭 챙겨 써야하는 나이가 되었지만 그래도 코가 매울 만큼 쨍한 겨울이 좋습니다. 겨울은 한 해를 마무리하는 달과 시작하는 달이 함께 있습니다. 그래서 봄이나 여름, 가을과는 또 다른 느낌으로 이 계절을 준비합니다.

12월 갈무리 음식

미처 뽑아내지 못하고 내버려두었던 가지며 고추대를 이제야 정리했습니다. 지지대들은 뽑아서 내년 농사를 위해 창고에 보관하고 추수를 끝낸 가지들은 화덕 불쏘시개용으로 마당 한켠에 쌓아두었습니다. 너저분했던 밭이 깔끔해지니 이제야 월동준비가 모두 마무리된 듯 마음이 가볍습니다.

겨울은 봄부터 가을까지 부지런히 농사지은 노동의 결실을 온전히 보상받는 계절입니다. 잎, 열매, 뿌리, 줄기, 씨앗까지 갈무리한 음식 재료들이 곳간 가득하니 말입니다. 수확한 농산물들은 자연 저장고에서 얼고 녹기를 반복하고 발효, 건조되면서 단맛, 감칠맛이 더욱 풍부해지니 끼니 때 마다 맛깔스러운 한 상차림이 가능하지요.

배추김치며 무김치, 갓김치 등 김치도 종류별로 담그고, 봄나물부터 가을 뿌리채소까지 때마다 담가놓은 장아찌며 피클도 다양합니다. 초록잎 그대로 삶아서 냉동 저장해둔 나물들도 있고, 밭 한귀퉁이에 묻어둔 옹기 뚜껑을 열면 무, 당근, 순무, 배추뿌리가 밭에서 방금 뽑은 듯 싱싱함 그대로이지요. 파와 생강은 화분에 옮겨 흙속에 묻어두고 통배추는 서너 포기 정도 신문지에 돌돌 말아 두면, 이른 봄이 될 때 까지 달고 아삭한 배추맛을 볼 수 있지요. 샤브샤브나 겉절이용으로 더 없이 맛있습니다. 늙은 호박, 단호박, 고구마, 감자, 산책길에 주워 모았던 도토리도 있으니 겨울철 간식거리도 충분합니다. 말린나물은 햇볕에 말리기도 하고 비가 오거나 습도가 높을 때는 가정용 건조기를 이용하기도 했습니다. 그러다 보니 말린 재료가 넘쳐납니다. '온갖 말린나물을 다 튀겨보면 어떨까' 비트줄기, 순무줄기는 막대과자가 되었고 찹쌀풀입혀 말린 방아잎과 국화잎은 향이 그윽합니다. 연근, 가지, 파프리카는 맛이 고소하고 들깨송이부각, 산나물부각도 튀겨 모두 한 접시에 담으니 마치 불꽃처럼 피어난 크리스마스 장식 같습니다. 갈무리한 음식들은 선물하기에도 참 좋습니다. 정성이 담겨있으니 받는 사람도 감동하지요.

자연요리 연구가의 | 텃밭 음식

부각, 튀각

준비하기 ● 들깨송이부각, 말린 채소들(토란대, 비트줄기, 순무줄기, 파프리카, 연근 등), 생국화잎, 생방앗잎 각 2줌씩, 말린 아주까리잎 2줌, 현미생찹쌀가루 6큰술, 물1과1/2컵, 소금 1작은술, 집간장 1큰술, 현미유, 소금, 꿀, 원당, 검은깨

만들기 ● **1** 생국화잎과 생방앗잎을 흐르는 물에 씻어 놓는다. **2** 재료를 물기가 있는 채로 넓은 그릇에 담아 찹쌀가루 3큰술과 소금을 넣고 골고루 버무린다. **3** 증기가 오른 찜솥에 천을 깔고 5분 정도 쪄낸다. **4** 다 쪄진 재료를 젓가락으로 한 장씩 집어서 채반에 고루 펴서 말린다.(볕 좋은 날은 반나절이면 마른다.) **5** 찹쌀가루 3컵에 집간장과 물을 넣고 저어가며 풀을 쑤어 식힌다. **6** 마른 아주까리잎에 찹쌀풀을 골고루 바른 후 채반에 널어 말려 부각을 만든다. **7** 부각과 말린 채소들을 기름에 넣고 튀긴다. **8** 취향에 따라서 소금과 비정제 설탕인 원당을 뿌리거나 꿀을 살짝 뿌리고 검은 깨를 위에 솔솔 뿌린다.

Tip 들깨송이 부각은 덜여문 깨송이를 송이채 잘라서 찹쌀가루나 밀가루 등에 버무린 뒤 찜통에 쪄서 말리면 된다.

자연요리 연구가의 | 텃밭 음식

생고추간장볶음장

준비하기 ● 끝물 생고추10개, 표고버섯 3개, 양송이버섯 5개, 집간장 6큰술, 쌀조청 3큰술, 생들기름 5큰술

만들기 ● **1** 생고추를 큼직하게 썰어 핸드믹서기로 거칠게 갈아 놓는다. **2** 표고버섯과 양송이버섯은 꼭지까지 곱게 다져놓는다. **3** 다진 버섯을 기름 없이 팬에서 볶아 수분을 최대한 날린다. **4** 냄비에 다진 고추, 다진 버섯, 생들기름을 넣고 볶다가 집간장, 조청을 넣고 졸이듯 볶는다.

'젊어서는 파란색 주머니에 은전이 가득, 늙어서는 빨간색 주머니에 금전이 가득한 나는 누구일까요? 어릴적 많이 풀었던 수수께끼입니다. 답은 '고추' 이지요. 주변에 청고추와 홍고추가 다른 고추라고 생각하는 사람들이 의외로 많습니다. 청양고추는 당연히 초록색만 있는 것으로 알고 있고요. 꼬리, 줄기는 다 자르고 필요하다고 생각하는 몸통만 팔고 있으니 시장에서 사다 먹기만 하면 그럴 수도 있겠다 싶습니다. 그래도 우리 어릴 적에는 수수께끼를 통해서라도 자연공부를 했던 것 같습니다.

매년 농산물을 갈무리할 때 제가 제일 정성을 들이는 것이 고추입니다. 그 중에서도 가을 끝물 고추를 가장 좋아합니다. 푸른색에서 붉은색으로 익어가는 중간 빛깔의 고추는 적당한 풋내와 적당히 익은 단맛이 음식의 맛을 내는데 독보적인 역할을 합니다. 문을 나서면 열발자국 앞에 밭을 만든 것도 가장 맛있는 시기에 고추를 수확하기 위한 저의 욕구에서 시작되었을수도 있겠습니다. 찌개나 국물용으로 사용할 것은 송송 썰어서 냉동보관하고, 조림이나 찜에 넣거나 고추기름을 내는 용으로는 통고추를 그대로 말려두기도 하지요. 홍고추보다 훨씬 즐겨 사용하기 때문에 색이 잘 살아있도록 말리는데 온 정성을 들입니다. 오늘은 그 고추를 갈아서 비빔장을 만들어 보았습니다. 매운 고추에 소고기 다진 것을 넣거나 중간 크기의 마른멸치를 거칠게 갈아서 함께 졸여 먹기도 하는데 저는 고기나 멸치대신 버섯을 넣어 만들었습니다. 간장과 생들기름, 매운 고추가 어우러져 밥도둑이 따로 없네요. 진땀나는 매운맛에 혼쭐이 날라치면 달달한 양배추 쌈으로 매운맛을 달래줍니다. 간장을 넉넉히 넣어 짭조름하게 만들어두면 입맛 없을 때 밥반찬으로 좋습니다.

자연요리 연구가의 | 텃밭 음식

몇 년 전부터 조금씩 종류별로 담가놓은 장아찌가 수십 가지가 됩니다. 봄에 새싹이 날 때부터 시작해 늦가을까지 담그는 장아찌는 저장용 밥반찬으로 더없이 좋습니다. 간장, 된장, 고추장 장아찌도 좋지만 봄에 야생초를 뜯어서 담근 발효액 건지도 훌륭한 반찬이 될 수 있습니다. 덜 여문 씨앗들도 소금 절임 해 놓으면 동서양을 넘나들며 다양한 음식양념으로 쓰일 수 있고요.

바다에서 나는 김도 제철이니 다양한 장아찌를 속재료로 넣고 꼬마김밥을 만들어 보았습니다. 어떤 것은 짭조름하고 어떤 것은 달달하고 어떤 것은 고소합니다. 김밥 속재료를 한두 가지의 장아찌만 넣어서 만드는 것도 담백하고 개운합니다. 여기에 맑게 끓인 된장국을 곁들이면 최고의 궁합이지요.

세가지 맛 장아찌 꼬마 김밥

준비하기 ● 밥 4공기, 김밥김 8장, 산야초발효액 건지(쇠비름, 씀바귀, 민들레, 질경이 등), 들깨절임, 고추냉이, 오가피나물 간장장아찌, 소금, 참기름, 집간장

만들기 ● **1** 밥을 고슬고슬하게 지어 소금과 참기름으로 맛을 낸다. **2** 씀바귀, 민들레, 쇠비름 등 발효액건지를 잘게 썰어서 간장, 참기름으로 무친다. **3** 오가피나물 간장장아찌는 국물을 꼭 짠 후 참기름으로 무친다. **4** 김에 2,3번의 재료들을 각각 넣고 취향에 따라 들깨절임과 고추냉이를 곁들여 김밥을 만든다.

Tip 들깨절임은 덜 여문 들깨를 껍질째 훑어서 깨끗이 씻은 후 소금을 섞어서 병에 담아 숙성시키면 된다.

1월
땅속 뿌리 채소로 만든 겨울 밥상

농사짓는 이웃들이 보내온 선물이 보태져서 한겨울 간식거리가 더 풍족해졌습니다. 뚱딴지, 야콘, 마, 순무, 당근, 무, 비트, 고구마…. 텃밭 한 곳에 구덩이를 파서 옹기를 묻고 그 안에 뿌리채소들을 차곡차곡 쌓아뒀다가 입이 심심할 때마다 서너 개씩 꺼내서 먹고는 합니다. 날것으로 깎아 먹어도 맛있고 화롯불에 구우면 더 맛있지요.

겨울철 식재료 중에서는 뿌리채소 같은 땅속 채소가 으뜸 중에 으뜸입니다. 식이섬유와 항산화물질이 그 어떤 채소보다 풍부하게 들어있는 영양저장고이기 때문이지요. 씨앗, 잎, 줄기, 꽃과 열매의 기운을 뿌리 안에 온전히 담고 있으니까요. 잔뿌리 정도만 다듬은 뒤 껍질째 모두 먹습니다. 껍질째 먹으니 맛이 싱겁지 않고 꽉 찬 느낌입니다. 최근에는 토란의 맛에 푹 빠져버렸습니다. 구우면 감자처럼 포슬포슬하고 탕을 끓이면 부드러우면서도 찰진 맛이 있습니다.

봄에 모종 2개를 구해서 심었는데 우리 가족 한 끼 먹을거리 정도를 수확했습니다. 토란대도 말려서 묵나물용으로 준비해놓았고요. 뿌리부터 줄기, 열매까지 텃밭에서 나는 것은 뭐든 버리지 않고 식재료로 사용하는 것을 보고 어떤 분은 농사를 한 천 평 쯤 짓는 사람 같다고요. 밭은 손바닥만 하지만 사계절 내내 없는 것 빼고는 다 있는 밭이랍니다. 다품종 소량생산의 효율성과 경제성이랄까요. 텃밭에 봄, 가을 두 차례 비트를 심지요. 비트의 진한 자줏빛은 볼 때마다 신비롭습니다. 유럽에서는 부드럽게 익힌 비트에 올리브오일과 발사믹식초 등을 듬뿍 뿌려서 샐러드용으로 즐겨 먹는 것 같습니다. 우리나라에서는 피클을 담거나 음식의 색을 내는 정도로만 사용하는 것 같습니다. 저는 비트를 큼직하게 썰어서 찜통에 찐 후 냉장보관합니다. 갈증이 나거나 배가 조금 허전할 때 꺼내 먹으면 맛있답니다. 샐러드용으로 오일이나 발사믹식초 또는 오미자 발효액등을 뿌려서 먹기도 하지요. 가벼운 한 끼 식사로도 즐겨 먹습니다.

자연요리 연구가의 | 텃밭 음식

토란 현미가래떡 간장 떡볶이

준비하기 ● 삶은 토란 12개, 현미가래떡 4줄(20cm씩), 작은 크기 표고버섯 8개, 배춧잎 4장, 말린 쭉정이 매운 고추 5개, 집간장 4큰술, 비정제 설탕·현미유 3큰술씩

만들기 ● **1** 토란은 삶아서 껍질을 벗기고 큰 것은 2등분 한다. **2** 현미가래떡은 2cm 두께로 어슷썰기 한다. **3** 표고버섯은 어슷썰기해서 반으로 잘라 기름을 두르지 않고 굽는다. **4** 배추는 5cm 크기로 저미듯 썬 뒤 팬에 살짝 볶는다. **5** 마른 고추는 가위로 어슷썰기 한다. **6** 팬에 현미유를 넉넉히 두르고 마른 고추를 볶아 매운맛을 낸다. **7** ⑥에 떡을 넣고 볶다가 토란, 표고, 배추 순으로 넣어 볶는다. **8** 집간장, 비정제 설탕을 넣어 간을 맞춘다.

Tip 생토란은 약간의 독성분이 있으니 장갑을 끼고 손질하는 것이 좋다.

자연요리 연구가의 | 텃밭 음식

비트울타리콩조림샐러드

준비하기 ● 작은 비트 16알, 붉은 울타리콩 삶은 것 2컵, 물 500cc, 비정제 설탕 2큰술, 오미자 발효액 1컵, 로즈메리·소금 약간

만들기 ● 1 비트는 껍질과 잔뿌리를 그대로 살려 씻는다. 2 울타리콩은 하루 전날 미리 불려놨다가 탱글함이 살아 있도록 삶는다. 3 냄비에 비트와 물을 넣고 삶다가 삶은 콩, 설탕, 소금을 넣고 국물이 자작할 정도로 졸인다. 4 차게 식힌 후 오미자 발효액을 흥건하게 붓고 로즈메리를 뿌린다.

Tip 오미자 발효액을 흠뻑 뿌려 냉장보관하면 오래 두고 먹을 수 있다. 올리브오일이나 발사믹식초를 더해도 좋다.

자연요리 연구가의 | 텃밭 음식

뚱딴지표고버섯전

준비하기 ● 뚱딴지 15알, 표고버섯 8개, 감자전분 수북이 1큰술, 소금·현미식용유 약간씩

만들기 ● 1 뚱딴지는 껍질째 강판에 갈고 전분을 섞어 소금으로 간한다. 2 표고버섯은 얇게 채 썬 뒤 ①에 섞는다. 3 팬을 충분히 달군 후 기름을 두르고 ②를 한 숟가락씩 떠서 팬에 올려서 부친다.

똥딴지는 야생풀이었습니다. 일부러 심지 않아도 빈터만 있으면 똥딴지처럼 이곳저곳에서 잘 자랐으니까요. 아무데서나 불쑥불쑥 올라오는 모습이 똥딴지같아서 이런 재미있는 이름이 붙었나 봅니다. 또 다른 이름은 돼지감자입니다. 보잘 것 없던 돼지감자가 똥딴지같이 인기가 폭등했었지요. 성인병에 좋다고 해서요. 생 것으로 먹어도 고소하고 맛있습니다. 밥을 할 때 몇알씩 넣고 찌면 밥맛이 심심하지 않으니 좋고요. 부드러운 단맛이 있습니다. 저는 뒷산에 오를때면 갈증이나 허기짐을 채우려고 몇알씩 챙겨갑니다. 요즘같은 겨울에도 제철이라 땅만 얼지 않았다면 언제든 캐서 먹을 수 있습니다.

2월
갈무리 채소 이용한 일품요리 밥상

저는 가을 채소 중에 고추만큼 귀하게 여기는 것이 배추입니다. 매년 늦가을에 배추를 수확하면 한 통씩 신문지에 싸서 서너 통을 저장해둡니다. 허름한 배추들은 살짝 삶아서 말려두고 겨우내 찜요리, 국물요리등에 요긴하게 씁니다. 외국에서 공부하고 있는 아들에게도 보냈더니 국도 끓이고 국물맛을 내는 채소육수로도 활용한다네요. 중국에서는 '100가지 채소가 배추만도 못하다' 라고 할 정도로 배추를 채소중에 으뜸으로 여깁니다. 말린배추는 특히 씹는 맛이 쫄깃해서 무말랭이 무침과도 잘어울리고 볶음음식으로도 좋습니다.

자연요리 연구가의 | 텃밭 음식

말린배추생콩가루찜

준비하기 ● 말린 배추 수북이 3줌(물에 불렸을 때 기준), 생콩가루 1컵, 손질한 석이버섯 1줌, 참기름 1큰술, 소금 2작은술

만들기 ● **1** 채 썰어서 말려둔 배추를 물에 불려놓는다. **2** 석이버섯은 물에 잠시 불린 뒤 소금을 넣고 주물러 깨끗이 손질해 놓는다. **3** 석이버섯을 끓는 물에서 1분 정도 데친 뒤 곱게 채 썬다. **4** 불려놓은 배추의 물기를 적당히 짠 뒤 생콩가루와 소금을 넣고 버무린다. **5** 찜기에 베보자기를 깔고 ④를 넣어 약 10분간 찐다. **6** 석이버섯에 참기름 소금을 넣고 무친 후 ⑤와 섞는다.

Tip 배추를 썰어서 말릴 때에는 결 반대방향으로 썰어서 말려야 질긴 맛이 덜하다.

배추를 삶아서 채 썰어 말려두면 국이나 무침요리 등에도 다양하게 활용할 수 있습니다.

자연요리 연구가의 | 텃밭 음식

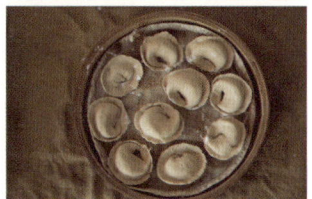

배추소만두

준비하기 ● 만두 소(배추 1/2통, 느타리버섯 300g, 소금 2작은술, 생들기름 4큰술, 실고추·후추 약간씩), 만두피(도토리가루 1컵, 앉은뱅이 밀가루 3컵, 소금 약간, 물 1과1/3컵), 양념장(집간장 1큰술, 식초 1/2큰술)

만들기 ● 1 도토리가루, 앉은뱅이 밀가루, 소금, 물을 섞어서 반죽해 3시간 정도 숙성시킨다. 2 배추는 삶아서 채 썬 뒤 물기를 꼭 짠다. 3 느타리버섯은 가늘게 찢어 팬에 볶아 수분을 날려준다. 4 배추와 느타리버섯을 소금, 후추, 생들기름으로 간해 소를 만든다. 5 숙성된 반죽을 적당한 크기로 떼서 얇게 펴 만두피를 만들고 양념한 소를 넣고 원하는 모양으로 빚는다. 6 김 오른 찜솥에서 약 10분간 쪄낸다.

Tip 도토리가루는 점성이 없어서 만두피 만드는 것이 까다롭다. 메밀전병처럼 길게 만들어서 한 입 크기로 썰어먹는 것도 한 방법이다.

방앗간에 가서 생들기름을 짜왔습니다. 들깨 한 말은 기름으로 짜고 한 말은 깨끗이 씻어 말려서 1년 내내 식재료로 씁니다. 지금은 단골이 된 방앗간 사장님께서는 제 덕분에 볶지 않은 생들깨로 들기름을 짜려다가 기계를 두 대나 뜯어내는 곤혹을 치뤘었지요. 갓 짜온 생기름은 엑스트라버진 올리브오일만큼이나 색이 초록입니다. 종지에 들기름을 따르고 소금을 살짝 뿌려서 가래떡을 찍어먹으면 신선한 들기름향이 입 안 가득 퍼집니다.

들기름도 짜왔으니 작년 가을 저장해두었던 배추 한통을 꺼내서 만두를 해야겠습니다. 집 가까이에 배추와 돼지고기 간 것을 넣고 만두를 빚어 파는 집이 있었습니다. 찐빵처럼 한껏 부풀어 오른 만두는 한 입 베어 물면 달큰한 배추향과 함께 육즙이 쭉 흘러내리곤 했었지요. 겨울이 오면 그때 먹었던 만두 맛을 기억해내며 가끔 만들어 먹고는 합니다. 배추와 버섯, 생들기름을 듬뿍 넣고 말입니다.

자연요리 연구가의 | 텃밭 음식

모듬 무 조림

준비하기 ● 무 1/4개, 당근 2개, 배추 뿌리·순무·늙은 호박·고구마 1개씩, 다시마·말린 표고버섯·둥글레 약간씩, 조림 양념(묵은 김치 국물 2컵, 고춧가루 1큰술, 집간장·조청·비정제 설탕 2큰술씩, 현미유 4큰술, 물 5컵, 건고추·생강 약간씩)

만들기 ● **1** 다시마와 말린 표고버섯을 물에 담가 우려낸다. **2** ①에 둥굴레를 넣고 끓여 맛 물을 만든다. **3** ②에 무를 넣고 끓이다가 배추 뿌리, 당근, 고구마, 호박을 넣고 익힌다. **4** 재료가 사각거릴 정도로 익었을 때 김치 국물, 집간장, 현미유 등 양념 재료를 모두 넣고 중간불, 약불 순서로 조린다. 국물을 계속 끼얹어가면서 국물이 자작해질 때까지 졸여 완성한다.

Tip 가을에 수확해서 저장하는 뿌리채소는 뿌리 윗부분을 과감하게 자르고 저장해야 한다. 새싹에 영양분이 공급되면 뿌리부분이 수분이 마르고 영양분이 없어져서 맛이 없다.

텃밭에 묻어둔 옹기에서 작년 가을에 저장해둔 각종 무들을 꺼내왔습니다. 큼직하게 잘라서 신 김치 국물 듬뿍 넣고 모듬무조림을 했습니다. 돼지고기 들어간 김치찌개 맛도 나고 김치 넣고 지진 고등어조림 맛도 납니다. '도대체 돼지고기며 고등어는 다 어디 갔지?' 하며 음식을 먹는 사람들은 의아해 하는 것도 같습니다. 하지만 이내 고기 따위는 없어도 괜찮다는 듯 따뜻한 밥에 무조림 한 덩이 올리고는 쓱쓱 비벼가며 밥 한 공기를 비웁니다. 순무며 비트, 당근등 무를 골라먹는 재미가 좋습니다. 집 앞에 텃밭이 있으니 예정에 없던 손님이 와도 음식 때문에 당황할 일이 없을 것 같습니다.

못다 한 이야기

각종 양념

친환경인지 아닌지, 신선한 것인지 아닌지, 음식을 만들 때마다 주재료에는 신경을 많이 쓰면서도 양념에는 소홀한 듯싶다. 하지만 양념은 음식의 재료 못지않게 중요하다. 간장은 집간장 하나로, 소금은 천일염을 쓰되 굵고 고운 정도로만 구분한다. 이렇게 단순한 천연 양념만 고집해도 맛을 내는 데는 아쉬운 것이 없다. 직접 만들 수 없는 양념들은 생활협동조합을 통해 주로 구입한다. 생산자가 누구인지, 어떤 방식으로 생산하고 있는지를 알 수 있어서 좋기 때문이다. 수입식품은 공정무역으로 들여온 것을 주로 사용한다.

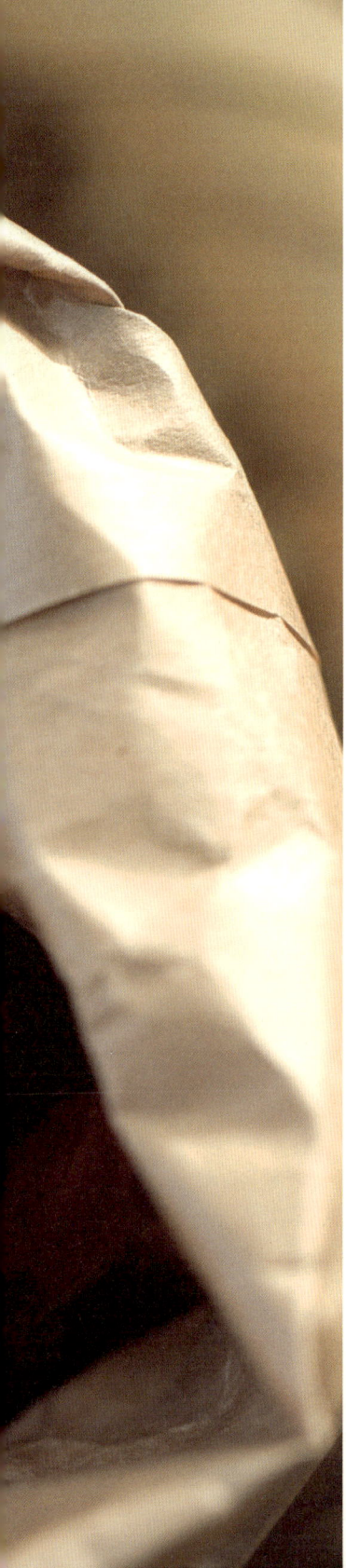

간장 국산 유기농콩 메주, 토판염, 생수를 재료로 해서 직접 담은 7년 묵은 집간장. 햇볕, 바람 등 자연의 기운만으로 달여져 맛이 순하고 깊다. 무침, 조림, 소스, 국, 찌게 등 간장이 들어가는 모든 음식에 사용한다.

된장 직접 담은 간장을 걸러낸 된장으로 7년 묵은 된장. 생된장소스, 쌈장, 찌개, 국 등 된장이 들어가는 모든 음식에 사용한다.

고추장 유기농고춧가루, 엿기름, 쌀엿조청, 찹쌀, 10년 된 천일염으로 만든 시어머님이 담가주신 고추장. 고추장으로 양념하는 음식을 즐겨하지 않아서 주로 쌈채소나 고추 등을 찍어먹을 때 사용한다.

토판염 구입한 지 8년된 토판염. 주로 간장 담글 때 김치절임할 때 사용한다. 절임한 배추 맛이 달고 깊은 감칠맛이 나는 것 같아 김치절임용으로 자주 사용한다.

천일염 신안 임자도 소금으로 5년 이상 간수를 뺀 것. 주로 절임용으로도 쓰지만 채소나 버섯통구이 등을 할 때 이 굵은 소금을 즐겨 사용한다. 맛이 달고 감칠맛이 있어서 음식 할 때 고운 소금과 적절히 섞어가며 자주 쓰는 편이다.

볶은소금 신안 임자도 소금으로 무침, 국 등을 간할 때 사용한다. 짠맛이 강하지 않아서 나물 무칠 때 좋다.

고춧가루 시어머님이 친환경농법으로 기른 고추를 빻아서 만든 고춧가루. 태양초 고춧가루로 무엇보다 믿을 수 있어서 좋다. 고운 붉은 색을 낸다.

고추씨 고추 수확 철이 오면 시어머니께 부탁해서 꼭 챙겨두는 귀한 양념이다. 칼국수나 탕 등 국물의 시원하고 칼칼한 맛을 낼 때 주로 사용한다. 겉절이 무침이나 고추씨기름을 낼 때도 쓴다.

말린 주홍고추 직접 농사지어야만 얻을 수 있는 귀한 고추다. 청고추에서 홍고추로 넘어가지 못하고 쭉정이가 된 고추를 말렸다가 볶음요리, 찌개요리 등 건고추를 사용하는 모든 음식에 건고추 대신 넣는다. 맛이 달고 향이 풍부하다.

원당 양념 중에 간장 다음으로 즐겨 사용한다. 사탕수수를 정제하지 않고 만든 설탕으로 미네랄과 영양이 풍부하고 맛 또한 풍부하다. 무침이나 조림을 할 때 일반적으로 많이 사용하는 양조간장 대신 집간장과 원당을 섞어서 사용하면 단맛, 짠맛, 감칠맛 등을 양조간장이 내는 풍미를 낼 수 있다. 잡채, 장조림, 갈비찜, 간장장아찌 등에 사용한다.

설탕 화학적 정제방법을 쓰지 않은 유기농 설탕. 원당과는 다른 깔끔한 단맛이 필요할 때 사용한다. 청이나 피클, 오미자, 매실발효액 등 원재료의 맛과 색을 살리는 음식을 할 때 사용한다.

조청 쌀엿조청으로 맛이 깊고 구수하다. 조림할 때 주로 사용한다.

꿀 생활협동조합에서 나오는 청정지역 아카시아꿀을 주로 사용한다. 샐러드소스, 겨자소스, 청을 담을 때 주로 사용한다.

발효액

매실 · 아카시아꽃 발효액 5월에 아카시아꽃을 채취하고 6월에 매실을 따서 유기농설탕으로 발효액을 담근 후 섞는다. 음료, 무침, 김치찌개 할 때 사용한다.

오미자발효액 말린 오미자에 유기농설탕을 녹여서 물을 끓인 후 시럽을 만들어서 말린 오미자에 부어 발효시킨다. 음료, 소스, 무침요리 등에 사용한다.

산야초발효액 봄새싹발효액과 말린 초재 약80여 가지를 유기농원당과 물을 끓인 후 시럽을 만들어서 발효시킨다. 음료, 소스, 무침요리, 김치 등에 사용한다.

현미식초 생활협동조합에서 나오는 천연식초다. 향이 없고 신맛이 덜해서 어느 음식에도 무난하다.

현미식용유 생활협동조합에서 나오는 미강유로 맛이 깔하고 느끼하지 않다. 무엇보다 GMO로부터 안전하다.

참기름 생활협동조합 제품으로 국산 참기름이다.

생들기름 간장, 원당만큼이나 좋아하는 양념이다. 생들깨를 이웃농부에게 구입해서 방앗간에서 직접 짜서 쓴다. 생들기름은 볶는 과정을 생략하기 때문에 맛이 신선하고 부드럽다. 무침, 부침, 소스 어디든 어울린다. 특히 빵, 샐러드소스에도 잘 어울려 엑스트라버진 올리브오일 대신 사용하면 좋다.

생들깨 들깨는 열에 약하기 때문에 볶지 않고 생들깨를 껍질째 사용한다. 그 어떤 식품보다 좋은 영양분이 많아서 나물볶음, 탕, 덮밥용으로 아낌없이 쓴다.

맛물

향과 맛이 강하지 않은 말리거나 덖은 식물들을 종류별로 구입해놓고 몇 가지씩 섞어서 끓여두면 밥물, 차, 찌개, 전골, 국 등 모든 국물요리에 육수 대신 유용하게 쓸 수 없다. 없을 때에는 집에 있는 차 중에서 구수한 맛이 나는 것을 아쉬운 대로 사용해도 좋다.

둥글레, 겨우살이, 구기자, 느릅나무, 칡, 작두콩 볶은 것, 다시마, 버섯, 대추, 귤피(귤껍질 말린것), 생강나무(생강향이 나는 야생나무), 찔레열매, 엄나무, 우엉차, 연잎차, 돼지감자차, 현미누룽지차, 무말랭이차

공정무역 상품들

공정무역이란 다국적 기업의 인권 침해, 노동력 착취, 부의 편중 등으로부터 제3세계의 가난한 농민과 생산자들을 보호하기 위해 시작된 일종의 사회운동으로 공정한 가격을 통해 그들의 자립을 돕는 것을 목표로 하고 있다. 생활협동조합으로는 두레생협연합이 필리핀 마스코바도 원당을 수입·판매하는 것을 시작으로 공정무역을 점차 확대하고 있다. 여기 소개하는 공정무역 제품은 모두 두레생협연합을 통해 수입된 것들이다.

마스코바도 원당(필리핀 네그로스섬)
마스코바도는 '가난한 사람들의 설탕'이라는 뜻으로 필리핀의 전통적인 제조법으로 만든 설탕이다. 비정제 설탕으로 미네랄과 영양분이 그대로 살아있다. 맛과 향이 풍부해 조림음식에 잘 어울린다. 두레생협이 장기간의 프로젝트를 통해 필리핀 농민과 생산자들에게 트랙터나 양수기 등을 지원하며 그들의 자립을 돕고있다.

올리브오일(팔레스타인)
오랜 세월 영토 분쟁과 고립화 정책으로 생존의 위협을 받고 있는 팔레스타인 농민과 중동지역의 평화를 지원하기 위해 시작한 것으로 '평화의 염원을 담은' 오일로 불린다. 팔레스타인은 수천 년의 역사를 지닌 올리브 산지로 일일이 손으로 따는 올리브만을 최상급으로 인정한다. 산도 1% 미만의 최고 등급 엑스트라버진 올리브오일이다.

설탕(콜롬비아산)
화학적으로 정제하지 않고 원심분리기를 이용해 정제한 단순 정제설탕이다. 일체의 색소, 보존료, 첨가물이 들어있지 않다. 맛이 깔끔해서 피클, 발효액 등에 적당하다.

흑통후추(인도)
그라인더가 달려있는 통후추 상품으로 즉석에서 갈아 먹을 수 있어서 맛과 향이 신선하다.

파스타 (이탈리아)
이탈리아 '테라비오 유기농업 협동조합'이 생산하는 상품이다. 테라비오는 70여명의 소규모 농민과 가공업자로 구성되어 있다. '우리는 농민이다. 우리가 원하는 것은 인류와 자연의 건강에 기여하는 것이다'라는 운영철학을 가지고 있다. 이탈리아에서는 최초로 독일의 Naturland Fair 인증을 획득. 토종씨앗 관리부터 재배, 파스타가공까지 협동조합안에서 모두 이루어진다. 면의 표면이 거칠어서 소스가 잘 스며들고 깊은 맛이 있다.

버진코코넛오일(필리핀)
필리핀 세부 지역의 소생산자와 여성, 청년들을 지원해 생산한 상품이다. 생산지 역량강화, 생산기술지원도 계획하고 있다. 저온 압착해 맛이 신선하고 고소하다. 카레를 활용한 음식을 만들 때 사용하면 풍미가 훨씬 좋다.

갈무리 채소

냉동 쑥, 취, 질경이, 양념용 청양고추, 울타리콩, 완두콩, 옥수수
말린나물 무청시래기, 가지, 토란대, 배추잎, 아주까리잎, 비트잎줄기
부각 고추잎부각, 들깨부각, 고추부각, 방아잎부각, 국화잎부각, 연근
군것질, 차 사과말랭이, 감말랭이, 말린모과, 대추
절임 고추, 여주, 마늘종, 오이지
땅속보관 무, 당근, 비트, 콜라비, 생강
실내보관 통배추, 파, 감자, 고구마, 야콘, 늙은호박, 단호박, 땅콩호박, 땅콩
장아찌 산나물모듬, 간장고추, 산초, 들깨, 자소엽, 방아잎, 매실, 짠무, 달래
발효액 산야초발효액, 오미자발효액, 매실, 아카시아꽃 발효액

텃밭농사 준비 요령

언 땅이 녹기 시작하면 텃밭 준비도 시작된다. 밭을 고르고 씨를 뿌리고 모종을 심는 일이 다 봄에 이루어진다. 일 년 동안 텃밭에 어떤 작물을 심을지 대강의 계획도 이때 세워둬야 한다. 텃밭 경력이 꽤 되는 사람이라면 따로 종이에 연필로 계획을 세우지 않더라도 때 되면 해야 할 일이 떠오르지만 초보들은 다르다. 시기에 맞춰 해야 할 일을 미리 계획해 두지 않으면 때를 놓쳐 텃밭을 망칠 수도 있다.

텃밭 스케줄표

	3월	4월	5월	6월
1주		감자 심기	열매채소 모종심기	고구마 모종 심기
2주	①거름 준비와 텃밭 만들기 ②씨감자 준비 ③각종 봄채소 종자준비 ④열매채소 모종 구입처 미리 파악하고 예약하기	봄채소 씨앗 심기	완두콩 지주 세우기 파종한 잎채소 솎아주기	콩 모종 아주심기
3주		강남콩, 완두콩 심기 지주 준비	토마토, 고추 순따주기	밀, 보리 수확
4주		배추와 각종 잎채소 모종 심기 열매채소 모종 준비 볍씨 파종	상추 솎으며 수확 쑥갓, 아욱, 근대 수확 잎채소 웃거름 주기 감자 풀매고 북주고 웃거름 주기	열매채소 순 따기, 첫 열매 따기, 지주 세우기 상추, 아욱, 근대, 시금치 등 잎채소 채종

	7월	8월	9월	10월	11월
	감자 수확	가을 농사용 텃밭 상자 만들기	배추벌레 잡고 풀매기, 북주고 웃거름 주기 알타리, 쪽파 씨앗 심기	밀, 보리 씨앗 심기	양파 모정 정식, 마늘 파종 무는 영하로 내려가기 전 수확
	강남콩, 완두콩 수확	배추 씨앗 심기 고구마 줄기 들춰주기 줄거리 자르기	김장 무 솎고 풀매고 북주고 웃거름 주기	마지막 풋고추 수확	알타리 수확
	풋고추, 가지, 토마토 수확	김장 무 씨앗 심기 빨간 고추 수확하고 말리기	양파 모종 가식	콩 수확	배추 수확하며 김장
	콩 북주고 순지르기	양파 씨앗 심기 배추 모종 아주심기	알타리 솎아주고 북주고 웃거름 주기 빨간 고추 수확, 건조 오이 씨 채종	고구마 수확 서리 맞고 배추 묶어주기 벼 수확	마늘, 양파 월동 보온

[일 년 계획 세우기]

먼저 할 일은 땅을 준비하는 일이다. 따뜻한 봄바람이 언 땅을 녹이는 3월이면 괭이며 호미를 들고 밭으로 나가야 한다. 할 일은 텃밭에 퇴비를 뿌리는 일이다. 본격적인 농사를 시작하기 전에 퇴비를 뿌리고 흙을 뒤섞어줘야 흙에 영양성분도 많아지고 공기도 들어가 건강한 땅이 되기 때문이다. 다만 퇴비 주는 작업은 씨 뿌리기 10일 전에는 마무리해야 한다. 퇴비가 작물을 잘 자라게는 하지만 너무 독하면 오히려 작물을 고사시킬 수도 있기 때문이다.

퇴비 속에 있는 독성이 다 빠져나가는 시간이 열흘쯤이다. 퇴비를 흙과 섞어주는 작업도 중요하다. 쇠갈퀴로 가능한 깊이 그리고 골고루 섞어줘야 한다. 너무 단순해서 사소해 보일 수 있는 이 일은 보기와 달리 텃밭의 성패를 좌우할 만큼 중요한 일이다. 특히 작물 재배를 처음 시작하는 밭이나, 잘 관리하지 않았던 밭은 땅 고르기를 잘 해줘야 땅에 공기구멍이 많이 생겨서 작물이 잘 자라기 때문이다.

땅이 준비되면 일 년 농사 계획을 세울 차례다. 텃밭에 빈 공간이 없어서 먹고 싶은 작물을 못 심는다거나, 땅이 비었는데도 마땅히 심을 작물이 없어 놀려야 하는 경우도 생긴다. 하지만 계절에 따라 텃밭에 심을 작물을 봄에 미리 계획해 두면 씨앗이나 모종을 늦지 않게 구할 수 있고 파종 시기도 놓치지 않는 등 미리미리 준비할 수 있다. 예를 들면 이렇다. 봄에 감자를 심을 계획이라면 감자는 7월쯤에 수확할 테니 수확한 뒤 그 땅에 김장 무하고 배추를 심기로 한다. 3월말쯤에 상추씨를 뿌리면 초여름까지는 먹을 수 있을 것이다. 날씨가 더워져 상추를 뽑아내면 그 자리에는 재배기간이 짧은 열무와 얼갈이배추를 심고, 가을이 되면 다시 김장에 쓸 갓씨를 뿌리기로 한다.

텃밭 농사 경력이 있는 사람은 머릿속으로 대충 그림을 그리는 정도로 계획 세우기를 끝내도 충분하지만, 텃밭을 처음 시작하는 생초보라면 종이에 직접 그림을 그려보는 것이 좋다. 텃밭을 그려놓고 구획을 한 뒤 어떤 작물을 어느 곳에 얼마만큼 기를지 채워 넣는 것이다.

그림을 그릴 때 신경 써야 하는 부분은 작물 배치다. 작물 배치를 잘 해야 농사일이 수월해지기 때문이다. 예를 들면 부추나 근대, 대파 등은 생육기간이 길어 1년 내 다른 작물을 심을 수 없으므로 가장자리에 두는 것이 좋다. 상추나 열무처럼 금방 뽑아 먹는 것은 중간에 심는다. 다른 작물에 햇볕이 가려지는 일이 없도록 키 큰 작물은 뒤쪽에, 키 작은 작물은 볕이 잘 드는 쪽에 둔다. 토마토나 오이, 옥수수는 한데 모아 심는 것이 좋다. 이들은 7~8월에 수확하고 나면 그 땅에 김장 무와 배추를 심는데 서로 떨어져 심으면 나중에 무와 배추도 따로따로 심어야 하기 때문에 농사짓기가 불편해지기 때문이다. 텃밭 초보자는 가능하면 쉬운 작물을 선택하는 것이 좋다. 봄에는 상추, 쑥갓, 근대, 열무, 시금치, 얼갈이배추 등과 같은 잎채소가 좋고, 고추, 토마토, 가지, 호박, 옥수수도 괜찮다. 감자, 고구마, 당근도 어렵지 않다.

가을에는 김장 배추와 무, 갓은 물론이고 마늘, 양파, 시금치도 기르기 어렵지 않다.

대개 텃밭에서 기르는 작물은 재배 기간이 3-6개월 정도다. 봄에 파종하면 여름에 수확하고 늦여름에 심어서 초겨울에 거두게 되는데 종류에 따라 자라는 기간도 제각각이고 파종하는 시기도 달라서 계획을 미리 세워두지 않으면 낭패 보기 십상이다.

[작물심기]

텃밭 초보자들이 흔히 하는 실수 중 하나가 쌈채소 모종을 잔뜩 심는 거다. 의욕에 차서 30개들이 상추 모종 한 판을 다 심기라도 하면 한두 달 만에 상추 폭탄을 맞게 되기 십상이다. 매일매일 뜯고 또 뜯어도, 나누고 또 나눠도 줄지 않는 상추로 냉장고가 가득 찰지도 모른다. 그러니 처음 모종을 심을 때는 다양한 종류를 조금씩 심는 것이 좋다. 케일이나 양배추, 브로콜리는 진딧물이 많이 생겨 관리하기 힘드니 농사일에 익숙해진 뒤에 시도해보는 것이 좋다.

상추 2개, 꽈리고추 2주, 토마토 2주, 이런 식이다. 지자체 등에서 분양하는 주말농장이 있는 곳 주변에 가보면 낱개로 모종을 파는 화원들을 쉽게 찾을 수 있으니 모종 구할 걱정은 하지 않아도 된다.

텃밭농사에 자신이 좀 붙었다면 모종 대신 씨를 뿌려서 작물을 재배해 보는 것도 좋다. 모종을 심는 것은 실패 확률을 줄이기 위한 선택이다. 씨는 발아하고 싹이 터서 꽃을 피우고 열매를 맺게 될 확률이 모종에 비해 현저히 줄어들기 때문이다. 하지만 바람이 잘 통하고 땅이 건강하고 물이 충분하기만 하다면 씨를 뿌려도 크게 실패를 볼 일이 없다.

씨를 뿌리면 오히려 모종을 심었을 때는 얻을 수 없는 뜻밖의 재미와 맛을 즐길 수 있다. 씨를 뿌리면 싹 튼 뒤 아직 어린잎일 때 솎아내기를 해줘야 하는데 이 솎아낸 어린잎들이야말로 최고의 식재료다. 연하고 달고 아삭한 것이 다 큰 채소에서는 느낄 수 없는 맛이다. 아직 텃밭농사가 어렵다면 상추나 열무 같은 잎채소들은 씨를 뿌리고 고추나 가지, 토마토 등 발아율이 낮은 열매채소는 모종으로 심는 방법도 있다.

텃밭 가꾸기의 시작은 밭 준비하기와 모종 심기다. 익숙한 사람들에게는 단순하기 짝이 없는 일들이지만 초보자에게는 쉽지 않은 일들이다. 밭 갈기와 모종 심기를 순서대로 알아보자.

밭 준비하기

1 적당한 간격으로 고랑을 판다. 고랑은 물이 빠지는 배수구 역할을 하기 때문에 처음부터 잘 만들어야 물이 잘 빠져서 작물이 잘 자란다. 2 밭두둑에 거름을 골고루 뿌린다. 3 흙과 거름이 잘섞이도록 쇠갈퀴 등으로 땅을 갈아준다. 흙이 부드럽고 포슬포슬해야 작물이 잘 자라므로 꼼꼼하게 갈아준다. 4 두둑을 평평하게 다듬은 다음 거름이 발효될 때까지 보름 정도 기다린다.

모종 심기

1 판에 담긴 모종에 뿌리가 흠뻑 젖을 만큼 충분히 물을 뿌려둔다. 2 모종 삽이나 호미로 땅을 판다. 구멍이 너무 깊으면 작물이 잘 자라지 못하므로 모종이 들어갈 정도로만 판다. 3 구멍에 물을 준다. 구멍에 물이 가득 차오를 정도로 충분히 주는 것이 좋다. 4 플라스틱 포트에서 모종을 뺀 뒤 구멍에 넣는다. 5 흙을 덮어준다. 두둑과 평평한 높이 까지 흙을 덮은 뒤 손바닥으로 살짝 눌러준다.

베란다 텃밭 만들기

도시에 사는 사람들은 텃밭을 가꾸고 싶어도 적당한 땅이 없어서 못하는 경우가 적지 않다. 하지만 방법은 있다. 베란다나 옥상에 텃밭을 만들면 된다. 요즘은 베란다 텃밭을 가꾸는 요령을 알려주는 다양한 책자도 나와 있고 베란다 텃밭 만들기에 필요한 것들을 모아서 만든 상품도 판매하고 있으니 겁먹지 말고 시작해 보자.

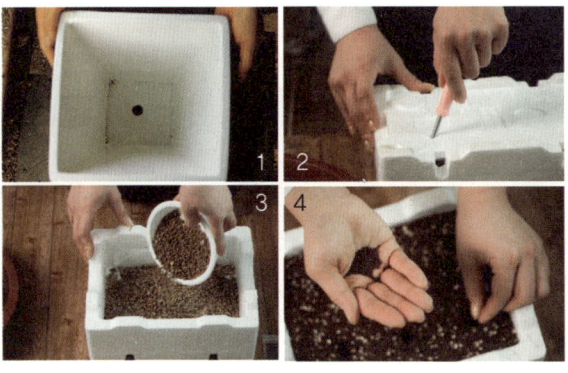

베란다 텃밭 가꾸기는 생각보다 까다롭다. 실내에 밭을 만들다 보니 햇빛이나 물 등 작물이 자라는 데 필요한 요소를 얻기 쉽지 않아서다. 집이 남향이라면 별 문제 없지만 그렇지 않다면 하루 중 햇볕이 가장 오래, 많이 들어오는 곳에 텃밭을 만든다. 베란다가 아니어도 남향으로 난 창가 등에 텃밭을 만들어도 좋다. 한여름에는 작물이 웃자라는 경우가 빈번한 만큼 뿌리 주변에 흙을 북돋아주는 복토에 신경 쓰는 것이 좋다. 베란다 공간이 좁다면 굳이 큰 상자를 고집하지 말고 일회용 컵이나 안 쓰는 플라스틱 용기를 사용해도 된다.

감자 싹 틔우기

1 썰기: 감자는 크기에 따라 2~4쪽으로 자른다. 감자 크기가 달걀만 하면 2쪽으로, 더 크면 4쪽으로 자른다. 감자 한 쪽에 눈이 3개 정도 들어가게 자르는 것이 좋다. **2 말리기**: 햇빛이 잘 드는 곳에서 말린다. 직사광선은 피하고 산광이 드는 곳에서 말리는 것이 좋다. 아파트 베란다가 적당한데, 골판지상자를 바닥에 깔고 그 위에 감자가 겹치지 않도록 잘 펴둔다. 아침저녁으로 찬 기운이 남아 있으면 신문지로 살짝 덮어주면 좋다.
3 심기: 4~5일 정도 지나면 감자 표면에 흰색 가루가 생기고 꾸덕꾸덕하게 말라 심어도 좋은 상태가 된다. 감자를 심을 때 간격을 좁게 하면 알은 작지만 많이 열린다. 반면 간격을 넓게 하면 알은 크지만 달리는 개수가 적으므로 취향에 따라 간격을 조절한다.

씨 뿌리기 요령

- **파종을 일찍 하고 싶다면 비닐 활용** : 작물을 제철보다 조금 일찍 맛보고 싶다면 정해진 시기보다 일찍 파종해야 한다. 하지만 파종을 일찍 하면 추운 날씨 때문에 발아가 잘 안 될 수 있다. 이럴 때는 씨를 뿌린 뒤 그 자리를 비닐로 덮어주면 보온이 돼서 발아가 잘 이루어진다. 싹이 나면 비닐을 치워주면 된다.

- **파종 시기 조절로 수확 시기와 양 조절** : 상추 같은 쌈채소는 자라는 속도가 빨라 자칫 다 먹지 못하고 버려야 하는 난감한 상황이 발생하기 쉽다. 이럴 때 씨를 3~4 등분한 뒤 2주 간격으로 뿌려주면 문제가 해결된다. 먼저 파종한 상추가 자라서 먹기 시작해 다 먹을 때쯤이면 늦게 파종한 상추가 자라 있을 것이다. 한 번에 너무 많은 양을 수확해야 하는 어려움도 피할 수 있고, 수확 시기도 길게 늘릴 수 있어 일석이조다.

- **씨 뿌린 뒤 덮어주기** : 옛 어른들은 씨는 세 알 뿌리는 것이라고 했다. 한 알은 새가 먹고, 한 알은 쥐가 먹고, 나머지 한 알은 농부의 몫이라는 것이다. 그만큼 텃밭에 뿌려둔 씨는 야생동물의 먹이가 되기 십상이다. 실제로 뿌려둔 씨를 새가 먹고 쥐가 갉아 먹는 일은 흔하다. 씨를 뿌린 뒤 한랭사 같은 걸로 덮어 싹이 날 때까지 두면 씨를 도둑맞는 일은 피할 수 있다.

표고버섯 원목재배

나무를 사서 쓸 생각이라면 인근에 있는 삼림조합이나 표고버섯 원목재배 농장에 알아보자. 원목은 서늘하고 건조한 곳에 설치·보관하는 것이 좋다. 직사광선이 비치는 곳에 두면 너무 건조해져서 균이 자라지 않기 때문이다. 햇빛이 들어오는 곳이라면 검정색 차광막을 설치하는 것이 좋지만, 자가 소비용으로 소규모 재배를 한다면 나무 아래나 처마 밑 등 그늘진 곳에 설치하는 것으로 충분하다. 버섯이 잘 자라는 적정온도는 20~25℃이다. 아파트라면 베란다의 그늘진 곳에 원목을 둬도 버섯이 잘 자란다. 원목을 설치한 장소는 바닥이 깨끗해야 한다. 바닥이 더러우면 바이러스 등에 감염될 우려가 높아지기 때문이다. 흙바닥이라면 비닐을 깔아주는 것도 좋다.

종균 접종을 끝낸 원목은 그늘에 차곡차곡 쌓아둔다. 처음부터 원목을 세워두면 균이 말라서 죽을 수 있다.

텃밭 구성은 이렇게

채소와 꽃을 함께

채소의 초록만으로도 텃밭은 충분히 아름다울 수 있다. 하지만 꽃을 심어 빨갛고 노란 색을 더하면 더 예쁜 텃밭을 완성할 수 있다. 게다가 알록달록 꽃을 피우는 허브들은 해충을 퇴치하는 역할까지 하니 일석이조다. 채소와 허브의 궁합까지 맞춰서 심어주면 금상첨화. 보기도 좋고 맛도 좋은 텃밭 완성이다.

- **토마토 옆에는 바질과 메리골드**

메리골드는 대표적인 해충 퇴치 식물이다. 꽃과 잎에서 나는 고약한 냄새가 벌레들을 물리치는 효과가 있다. 뿌리는 토양병 중 하나인 토양선충을 죽이는 물질을 내뿜기 때문에 흙을 건강하게 하는 효과까지 있다. 바질 역시 독특한 향 때문에 해충을 물리치는 역할을 한다. 특히 토마토와 바질은 잘 어울려서 자주 함께 사용하는 식재료인데 함께 심어두면 바질 향이 토마토에 묻어나서 토마토가 더 향긋해진다.

- **고추 옆에는 보리지**

파란색 별모양 꽃이 피는 보리지는 허브의 일종으로 벌이 좋아하기로 유명한 식물이다. 고추나 가지, 토마토 처럼 수정을 통해 열매를 맺어야 하는 작물 근처에 심어주면 별다른 관리를 하지 않아도 자연적으로 수정이 잘 되서 열매가 많이 열리게 된다. 국화과에 속하는 진다이 개미취도 보리지와 마찬가지 역할을 한다.

- **사과나무 밑에는 차이브**

차이브는 백두산에서 자생하는 허브로 우리말로는 '백두산 파'로 불린다. 사과나무와 궁합이 좋아서 사과나무 밑에 심으면 열매 곰팡이 썩음병을 예방해 준다고 알려져 있다. 차이브는 자체로도 좋은 식재료인데 부추처럼 가는 대를 잘라서 쪽파처럼 사용한다. 요리에 마지막 고명을 얹을 때 쪽파 향이 너무 강하다면 대신 차이브를 쓰면 좋다.

- **배추 옆에는 타임**
허브 타임에서 뿜어내는 특정한 화학물질이 배추벌레를 쫓는데 효과적이다.
- **텃밭 가장자리 둔덕은 허브와 꽃으로**
텃밭 가장자리를 빙 둘러서 흙을 돋워 둔덕을 만든 뒤 다양한 허브를 심어두면 허브의 향이 밭 전체를 보호하는 모양이 된다. 해충을 100% 퇴치할 수는 없지만 일정 정도 효과가 있는데 다 봄이 되면 노랗고 빨간 꽃들이 피어나 텃밭을 아름답게 꾸며주는 효과까지 있다. 허브는 심고 나면 금새 사방으로 퍼지기 때문에 공간을 넓게 잡고 드문드문 심는 것이 좋다.

키 큰 옥수수는 북쪽에

텃밭에 심을 작물을 정한 뒤에는 어떤 작물을 어디에 심을지도 결정해야 하는데 이때 기능적인 부분과 디자인적인 부분을 모두 고려하는 것이 좋다. 예를 들어 키가 큰 옥수수는 주변 작물에 햇볕이 가는 것을 방해하기 때문에 햇볕이 가장 덜 드는 북쪽 끝에 길게 심어주는 것이 좋다.

옥수수 앞 줄에는 완두콩을 심으면 좋다. 완두콩은 지지대가 필요한 작물인데 옥수수 옆에 심으면 옥수수가 자연 지지대 역할을 하기 때문에 따로 지지대를 세울 필요가 없어서 좋다. 게다가 완두콩은 대기 중의 질소가스를 생리적으로 활용할 수 있게 만드는 질소고정 작용을 하는데, 이 질소가 옥수수 성장을 돕는 역할을 하기 때문에 둘은 찰떡궁합이다. 서늘한 곳에서 잘 자라는 양배추는 옥수수 뒷쪽에 심어 그늘진 곳에 자리하도록 하고 잎채소에 비해 재배기간이 긴 감자나 고구마는 옥수수 앞쪽 같은 텃밭 한쪽 끝에 심어두는 것이 다른 작물을 관리하기에 편하다. 생장이 비슷한 작물은 색을 맞춰서 배치하면 좋다. 예를 들어 잎채소의 상추나 겨자채 같은 푸른 빛을 띠는 작물과 적상추나 레드치커리처럼 붉은 빛을 띠는 작물을 번갈아 가며 심으면 색감이 더 살아날 것이다.

그리고 무엇보다 중요한 팁. 텃밭에 심는 작물은 한 작물이 열 개를 넘지 않도록 하는 것이 좋다. 핵가족이 대부분인 데다 외식이 잦은 현대인의 식생활 때문에 텃밭에서 나는 작물을 한 가족이 다 소비하는 것은 무척 어려운 일이라는 것은 텃밭을 경작해 본 사람은 다 아는 일이다. 가능한 많은 품목을, 한 품목당 수는 가능한 적게 심는 것이 요령이다.

농사일 쉽게 해주는 멀칭

멀칭은 밭을 덮어주는 것으로 비나 바람에 흙이 유실되는 것을 막고 잡초가 자라는 것도 막아주는 농사 방법이다. 전업 농처럼 규모가 큰 농사에서나 하는 것 아닌가 생각할 수 있지만 그렇지 않다. 오히려 텃밭농사에 더 필요한 방법일 수 있다. 텃밭 경작을 하는 사람들은 대부분 농약을 사용하지 않기 때문에 풀이 많이 자라는데 이를 막아주는 역할을 하는 것이 멀칭이다. 주말농장을 하는 경우는 매일 물 주기가 쉽지 않은데 이때도 멀칭을 해두면 수분이 날아가는 것을 막아주기 때문에 텃밭 관리가 용이하다. 여름에는 뜨거운 열을 막아주는 역할도 일부 한다고 하니, 이렇게 보면 멀칭이야 말로 텃밭농사를 위한 농사법이다.

검정색 비닐이 일반적으로 사용되는데 소규모의 텃밭에는 화학제품인 비닐보다는 친환경자재를 사용하는 것이 더 좋지 않을까. 예를 들어 말린 볏짚을 이용하거나 배추나 양배추 등 채소의 버려지는 겉잎, 왕겨, 낙엽 등을 이용하는 경우도 많다.

천연농약과
유기농비료 만들기

천연농약은 사람이 먹을 수 있는 재료로 만드니 안전성은 걱정하지 않아도 되고 효과도 좋아 일석이조다. 유기농비료의 기본은 균배양체라고 할 수 있다. 균배양체는 각종 유기질 자재를 배합해 미생물로 발효시킨 것이다.

만들기 쉽고 효과도 좋은

천연농약

이른 무더위와 함께 여름이 시작됐다. 텃밭 하는 사람들에겐 벌레와의 일전이 시작된 것. 화학농약 몇 번 뿌리면 쉽게 해결되겠지만 건강한 먹을거리를 얻겠다고 시작한 텃밭에 화학농약을 쓰기는 꺼림칙하다. 그렇다고 잡아도 잡아도 다시 생기는 벌레들을 못 본 척할 수도 없다. 이럴 때 시도해볼 만한 것이 천연농약. 사람이 먹을 수 있는 재료로 만드니 안전성은 걱정하지 않아도 되고 효과도 좋아 일석이조다.

가장 흔하게 사용하는 천연농약은 난황유다. 만들기 쉽고 효과도 좋아 텃밭 농부들에게 인기 만점이다. 달걀노른자와 식용유를 섞어서 만드는데 특히 진딧물 제거에 최고라고. 난황유의 작용 방식은 이렇다. 난황유를 뿌리면 기름이 곤충의 피부를 코팅하듯 둘러싸게 되는데 피부로 숨을 쉬는 곤충이 숨을 못 쉬게 되서 죽게 되는 것이다. 작물 표면에 피막을 형성해 해충의 침입을 막아주는 역할도 한다. 만드는 법은 간단하지만 번거롭다면 시중에 판매하고 있는 마요네즈를 물에 희석해서 사용해도 괜찮다. 다만 효과는 난황유가 훨씬 좋다는 것을 기억할 것. 난황유 말고 고추나 마늘을 우려내서 만든 고추농약·마늘농약도 꽤 효과 있는 천연농약이다. 고추와 마늘 특유의 매운 향 때문에 벌레가 작물 가까이 다가오지 않게 되는 것이다. 텃밭 규모에 따라 EM발효액이나 목초액을 사용하는 것도 좋다.

난황유는 반드시 냉장 보관해야 하며, 사용할 때 마다 소량씩 물로 희석해서 사용한다. 달걀노른자 1개 분량의 난황유 원액을 희석하는 데 필요한 물은 20ℓ 다.

난황유

준비하기 ● 달걀노른자 1개, 식용유 60cc, 물 100cc

만들기 ● 1 달걀노른자에 물을 넣고 잘 섞일 때까지 2~3분간 막대기로 휘젓는다. 2 ①에 식용유를 넣고 완전히 섞일 때까지 흔들어준다. 3 냉장고에 넣어 보관한다.

Tip 진딧물을 없애주는 역할을 하는 것은 식용유다. 달걀노른자는 식용유와 물이 잘 섞이도록 하는 촉매제 역할을 한다. 식용유 중 특히 카놀라유와 해바라기씨유의 효과가 좋다. 예방을 목적으로 뿌릴 때는 10~14일 간격으로, 치료가 목적일 때는 5~7일 간격으로 뿌려준다. 거의 모든 작물의 병해충 예방과 치료에 효과가 있다. 작물 표면에 피막을 형성하기 때문에 너무 자주 살포하거나 농도가 높으면 작물 생육이 억제될 수 있으니 유의하자.

고추농약 & 마늘농약

준비하기 ● 고추농약 (붉은 고추 (매운 것) 100g, 물 1ℓ), 마늘농약 (다진 마늘 50g, 물 1ℓ)

만들기 ● 1 물에 잘게 썬 고추 또는 마늘을 넣고 20분 이상 끓인다. 2 ①을 하룻밤 정도 식힌 다음 물만 따라낸다. 3 고추농약은 10배의 물에, 마늘농약은 50배의 물에 희석해서 사용한다.

목초액

유기농 자재 중 가장 널리 알려져 있고 가장 많이 사용하는 농약이 목초액이다. 목초액은 마른 나무 등을 태울 때 생긴 연기를 액체화한 것으로 병충해 방제용 유기자재로 많이 쓰인다. 참나무로 만드는 경우가 많지만 자가 제조하는 경우에는 상대적으로 만들기 쉬운 왕겨를 사용하는 경우도 많다.

준비하기 ● 왕겨 한 자루, 볏짚 약간, 아궁이용 깡통이나 드럼통, 주름관(3m 정도), 물통

만들기 ● 1 윗면이 트인 깡통의 바닥 부분에 구멍을 낸다. 2 네 개의 옆면에 공기 구멍을 만든다. 판을 완전히 잘라내지 않고 처마 모양으로 날개를 달아두는 것이 좋다. 3 바닥에 낸 구멍에 주름관 한쪽을 끼운 뒤 주름관을 엎어진 U자형으로 구부린다. 4 주름관 반대편 끝에 물통을 댄다. 5 고깡통 바닥에 볏짚을 깔고 불을 붙인 뒤 왕겨를 조금씩 부어준다. 불이 왕겨에 잘 붙은 것을 확인한 뒤 나머지 왕겨를 모두 부어준다. 6 연기가 올라오기 시작한 뒤 시간이 약간 지나면 반대편 물통에 목초액이 떨어지기 시작한다. 7 따로 담아뒀다가 물에 200배 희석해서 사용한다.

이런저런 천연농약들을 사용할 수 있지만 그래도 가장 좋은 벌레 퇴치법은 역시 예방이다. 텃밭의 채소들이 벌레로 둘러싸이기 전에 미리 벌레가 좋아하는 환경을 없애는 것이 필요하다. 이를 위해서는 텃밭 농사를 시작할 때부터 신경을 써야한다. 먼저 봄에 씨를 뿌리거나 모종을 심을 때 작물 사이에 적당한 간격을 두고 심는 것이 좋다. 작물 사이에 적당한 간격을 두는 것은 작물이 영양분을 충분히 흡수하도록 하기 위한 것도 있지만 벌레를 예방하기 위한 조건이기도 하다. 작물을 너무 가까이 심으면 모종 때는 괜찮지만 시간이 지나 이파리가 우거지면 그 안은 통풍이 잘 안 되고 그늘지고 습하게 된다. 벌레들에게는 이 이파리 속이 최적의 둥지가 된다는 것이다. 그러니 작물이 다 자란 뒤에도 작물 사이사이로 바람이 잘 통할 수 있을 만큼 간격을 두고 심어야 한다. 처음 작물을 심을 때 벌레를 쫓는 해충기피식물을 함께 심는 것도 방법이다. 벌레들이 싫어하는 특유의 향을 가진 식물이 대부분인데, 특히 향이 진한 작물로 골라서 밭 가장자리에 심어두면 좋다. 시각적인 효과를 보고 싶다면 메리골드, 피튜니아, 펜넬 같은 꽃이 좋은 식물로, 먹을거리를 얻고 싶다면 파, 마늘, 차이브 같은 식용 작물로, 향을 얻고 싶다면 바질, 세이지 같은 허브류를 심으면 된다.

진딧물 같은 벌레가 생기기 시작하는 초기에는 그냥 물로 씻어주는 것도 효과가 있다. 호스의 분사구를 가늘게 조정해 진딧물이 붙어 있는 잎에 샤워하듯이 물을 뿌려주면서 손이나 붓으로 쓸어주면 된다. 작물이 작으면 분무기를 사용해도 괜찮다. 다만 물로 잎을 씻어주는 것은 한여름에는 매일 하면 잎이 타버릴 수 있으므로 이틀에 한 번 정도가 적당하다.

균배양체가 기본인
유기농 비료

유기농비료의 기본은 균배양체라고 할 수 있다. 균배양체는 각종 유기질 자재를 배합해 미생물로 발효시킨 것이다. 그 자체를 밑거름으로 쓸 수도 있고 퇴비나 액비를 만들 때 넣어도 되는데, 흙을 살리는 미생물을 공급해주는 역할을 한다.

다음 단계는 액비 만들기다. 액비는 식물에 수시로 영양을 공급할 때 사용하는 종합영양제다. 생선아미노산과 당밀, 미생물 등을 배합해 만드는데 농부에 따라 레시피가 조금씩 달라지기도 한다. 볏짚과 쌀겨, 발효 미생물, 당밀을 섞어 만든 퇴비도 중요한 유기농 자재다. 잘 만들어뒀다가 2~3개월 정도 발효시킨 뒤 밑거름으로 쓰면 좋다.

균배양체는 쌀겨와 깻묵, 미생물과 당밀을 섞어서 만드는데 수분 함량을 맞추는 것이 중요하다. 적정한 수분 함량은 30% 정도인데, 손으로 쥐었을 때 두세 덩어리가 살짝 뭉쳐지는 정도다.

쌀겨 이용한 균배양체

준비하기 ● (10kg기준) 쌀겨 5kg, 깻묵 5kg, 발효 미생물 20g, 인산가용화물 20g, 당밀10g, 물2ℓ

만들기 ● **1** 용기에 쌀겨를 넣는다. **2** 쌀겨 위에 깻묵을 넣는다. **3** 발효 미생물을 넣는다. 인산이 높은 토양에서 인산 가용화가 필요할 경우 인산을 활성화시키는 인산가용화물을 넣고, 그렇지 않은 경우 넣지 않아도 된다. **4** 당밀을 물 2ℓ (쌀겨와 깻묵 무게의 20%)에 부어 녹인 뒤 ③에 붓는다. 쌀겨와 깻묵에 10% 가량의 수분이 함유돼 있으므로 전체 무게의 20% 정도 물을 첨가해 수분 함량을 30%로 맞춘다. **5** 재료가 뭉치지 않도록 손으로 골고루 잘 섞어준다. 주먹으로 쥐었다 폈을 때, 두세 조각으로 자연스레 부서지는 정도면 수분 함량이 적당하다.

사용법 및 효과

● 만든 뒤 곧바로 사용해도 되지만, 25℃ 이상에서 1주일 이상 발효 시키면 더 좋다. 발효시킬 때에는 1주일에 한 번씩 뒤집어줘야 하며, 발효가 끝나면 넓게 펴서 말린 뒤 포대 등에 담아 보관하면 된다. ● 밑거름으로 평당 0.5kg부터 5kg까지 사용 가능하다. 정식하기 7일 이전에 사용해 토양을 안정화시켜야 한다. ● 퇴비에 섞을 때에는 톤당 20kg 이상 사용한다. ● 가축 사료와 첨가제로도 활용 가능하며 추비나 액비를 제조할 때 넣어도 된다. 추비로 사용할 경우에는 작물의 잎이나 뿌리에 직접 닿지 않도록 한다.

거친 유기물 이용한 퇴비

준비하기 ● 톱밥 · 낙엽 · 볏짚 등 거친 유기물 2000kg, 쌀겨 600kg(또는 축분 2000kg), 발효 미생물 2kg, 인산가용화물 2kg, 당밀 2~10ℓ

만들기 ● **1** 볏짚(또는 톱밥이나 낙엽)을 잘게 잘라 맨 아래에 깔아준다. **2** 볏짚 위에 쌀겨나 축분(계분 · 우분 · 돈분)을 깐다. **3** 발효 미생물 과 인산가용화물(필요시)을 표면에 골고루 펼쳐서 뿌려준다. **4** 당밀을 물에 녹여 뿌려준다. **5** 이 순서대로 반복하면서 1~1.5m 높이 로 쌓아 올린다. **6** 20℃ 이상의 온도에서 3개월 이상 발효시킨다. 2주일에 한 번씩 뒤집어줘 공기를 넣어준다.

사용법 및 효과

● 300평당 2~5t 안팎으로 사용한다. ● 토양의 양분 보유력을 높여주고 물리성을 좋게 해준다. ● 여러 유익한 미생물과 효소, 천연 항생 물질이 함유돼 식물의 내병성과 품질을 높여준다.

액상 원료 이용한 미생물 액비

준비하기 ● (100ℓ 기준) 생선아미노산 4ℓ, 당밀 2ℓ, 액비 제조용 광합성균 200cc~1ℓ, 인산가용화물(활인산) 2ℓ, 물 91ℓ

만들기 ● **1** 용기에 물을 20ℓ 가량 채운다. **2** 당밀은 물에 부어 잘 녹여둔다. **3** ①에 생선아미노산을 넣는다. **4** 액비제조용 미생물과 인산가 용화물(필요시)을 넣는다. **5** ②를 넣은 다음, 남은 물을 모두 넣어 100ℓ를 만든다. **6** 온도를 20~30℃로 맞추고 공기발생기를 켜준다. 일주일가량 배양한 뒤 15℃ 이하에 보관하면서 사용한다.

사용법 및 효과

● 25~50배로 희석하여 관주한다(100평당 배양액 10ℓ) ● 250배로 희석하여 식물의 잎에 직접 뿌린다(엽면시비) ● 각종 미량요소가 고르게 함유돼 있으며, 유효 미생물이 1000만 마리 이상으로 매우 풍부하다. ● 기본 원료 외에 과일이나 채소 등 다양한 부산물을 활용해 영양성분을 높여도 된다.

달걀 껍데기 이용한 칼슘 액비

준비하기 ● 목초액 또는 현미식초 20ℓ, 달걀 껍데기(또는 조개 껍데기) 1~2㎏

만들기 ● **1** 목초액 또는 현미식초에 달걀 껍데기를 잘게 부숴서 넣는다. **2** 달걀 껍데기가 녹아 기포가 생길 때까지 잘 저어준다. **3** 따뜻한 곳에서 기포(가스)가 더 이상 생기지 않을 때까지 두었다가 윗물을 사용한다.

사용법 및 효과

● 50~100배로 희석해 작물에 주기적으로 뿌려준다.

● 칼슘과 염분, 각종 미네랄을 필요로 하는 작물 생장 후반기에 칼슘을 공급해준다. 곰팡이병의 예방과 억제에도 도움이 된다.

농산물 갈무리하기

시골에 살다보면 흔한 게 먹을거리다. 내 손으로 키우고 이웃이 나눠주니 미처 못 먹고 남기는 것이 다반사다. 하지만 귀한 먹을거리를 남는다고 버릴 수는 없다. 찌고 말리고 설탕 쳐서 저장하는 것이 시골 사는 이의 지혜다. 갖가지 갈무리 법 알아보자.

제철 재료를 이용한

효소 담그기

일반적으로 알려진 효소 담그는 법은 재료와 설탕을 같은 양으로 섞어서 항아리에 넣고 그늘진 곳에서 발효시키는 것이다. 순서는 이렇다. 원하는 재료를 제철에 구해서 깨끗하게 손질해 씻은 뒤 물기를 제거한다. 물기가 남아있으면 발효에 방해가 되는 만큼 물기를 완전히 제거하는 것이 좋다. 물기를 제거한 재료는 적당한 크기로 자른 뒤 일정한 분량의 설탕과 섞는다. 설탕은 무게를 기준으로 재료와 1:1이 되도록 사용하는 것이 기본이다.

설탕에 버무린 재료는 가능하면 항아리에 담아서 발효시키는 것이 좋다. 플라스틱 용기나 유리 용기는 뚜껑을 닫으면 밀폐 상태가 돼 발효가 잘 되지 않기 때문이다. 항아리에 담을 때는 용기의 80% 정도만 채운다. 발효가 진행되면 끓어 넘칠 수 있기 때문에 빈 공간을 남겨야 하는 것이다. 곰팡이가 생기는 것을 막기 위해 위쪽을 설탕으로 잘 덮어주는 것이 중요하다. 마지막으로 면보자기 등으로 입구를 덮고 고무줄 같은 것을 이용해 꼼꼼히 묶어줘야 초파리가 생기지 않는다. 재료에 따라, 발효환경에 따라 차이가 있지만 대개 100일 정도 발효시킨 뒤 건더기를 건져내고 남은 발효액은 숙성시킨다. 최소한 1년은 지나야 제대로 된 효소가 된다는 것이 전문가들의 생각이다.

재료에 따른 효소 만드는 법

산야초 ● 뿌리부터 이파리, 열매까지 모두 사용할 수 있다. 이파리끼리, 열매끼리 나눠서 담거나 통째로 담근다. 이파리를 기준으로 설탕은 1:1 비율로 섞는다. 열매는 이파리에 비해 수분이 많기 때문에 1:1.2 정도로 설탕량을 늘리는 것이 좋다. 솔잎이나 은행잎, 뽕잎처럼 수분 함유량이 낮은 나뭇잎은 설탕만 넣으면 발효액이 잘 나오지 않으므로 설탕 시럽을 만들어서 넣어준다. 물과 설탕의 비율은 솔잎은 5:5, 은행잎과 뽕잎은 4:6 정도가 알맞다.

열매 ● 열매로 효소를 담글 때는 수분 함량에 따라 설탕량을 달리해야 한다. 수분이 많으면 설탕을 늘려야 하는데, 어느 정도가 수분이 많은 것인지 분간하기 어렵다면 매실을 기준으로 삼아보자. 매실 효소는 재료와 설탕의 비율을 1:1로 해서 담그는 만큼 매실보다 수분이 많다고 여겨지는 열매에는 이보다 설탕을 더 넣고, 매실보다 수분이 적은 열매는 설탕량을 줄인다. 보통 유자 · 늙은 호박 · 여주 · 다래 · 밤 등 1:1 비율로, 돌복숭아 · 콜라비 · 풋고추는 1:1.2로, 앵두 · 감귤 · 수세미 · 포도는 1:1.5로 하면 된다.

현미 ● 현미는 다른 재료와 달리 설탕이 아닌, 요구르트를 이용해 효소를 만든다. 효소액에 비해 방법이 복잡하고 까다로워 집에서 직접 만들기 쉽지 않지만 한번 도전해보자.
현미효소는 미강(쌀겨)을 사용해 만든다. 곱게 간 미강 2kg에 우유 1000㎖를 섞은 뒤 찜통에 찐 다음 미지근하게 식힌다. 요구르트 150㎖를 생수 1000㎖와 섞은 뒤 식혀놓은 미강과 골고루 섞는다. 요구르트 제조 기계에 넣고 72시간 발효시킨다. 깨끗한 방에 면보자기를 깔고 발효시킨 미강을 얇게 펼쳐 놓고 선풍기로 말린다. 완전히 건조되면 냉동실에 넣어 보관한다.

다양한 재료로 맛있는
와인 담그기

달콤한 와인을 원하면 기준보다 설탕 양을 늘려준다.

포도로 담근 술, 말하자면 포도주가 와인인데 요즘은 다른 과일로 와인을 담그는 사람이 적지 않다. 머루, 복분자, 딸기, 블루베리 같은 베리류는 물론 사과, 자두, 매실 등 다양한 것들로 와인을 담가보자.

사과 와인

준비하기 ● 사과 10kg, 매실청 200㎖, 설탕 1kg, 드라이효모 2.5g, 발효·숙성용 용기

만들기 ● **1** 사과를 깨끗이 씻어서 씨를 제거한 뒤 믹서 등으로 곱게 간다. **2** ①에 설탕을 넣고 완전히 녹을 때까지 잘 섞은 다음 매실청을 넣고 잘 저어준다. **3** ②를 발효용기에 옮겨 담고 3~4시간정도 그대로 둔다. 발효 중에는 탄산가스가 발생해 폭발할 수 있으므로 용기의 80% 정도만 채운다. **4** 드라이효모를 미지근한 물에 넣고 10분간 기다렸다가 ③에 골고루 뿌려준다. 효모가 충격을 받을 수 있으니 섞는 것은 금물이다. **5** 뚜껑을 덮은 ④를 서늘한 곳에 두고 다음 날부터 하루에 한 번씩 잘 섞어주면서 발효시킨다. 잘 섞지 않으면 곰팡이가 피기 쉽다. **6** 일주일에서 열흘 정도 지나 더 이상 거품이 생기지 않고 단맛이 없어지면 발효가 끝난 것이다. 이때 건더기를 면포로 걸러낸 뒤 소독한 병에 옮겨 담고 밀폐한 다음 냉장고에서 8~10개월 숙성시킨다.

Tip 사과는 신맛이 많이 나는 홍옥이나 국광이 좋지만, 구하기 쉽지 않으면 후지를 사용해도 괜찮다. 설탕은 흰 설탕을 사용해야 과일 특유의 맛과 향을 해치지 않는다. 기호에 따라 꿀 등으로 대체해도 된다. 발효 온도는 20~25℃가 적당하다. 가을에는 상온의 그늘진 곳에서 발효시키면 된다는 뜻이다. 숙성 온도는 15℃ 정도이기 때문에 냉장고에서 숙성시키는 것이 좋다. 매실청은 와인에 신맛을 더하기 위해 첨가하는 재료다. 레몬즙이나 구연산을 사용해도 된다. 드라이효모, 구연산, 아황산염 등 와인 관련 재료는 인터넷에서 쉽게 구입할 수 있다.

포도 와인

준비하기 ● 포도 10kg, 설탕 800~900g, 아황산염 1.5g, 드라이효모 2.5g

만들기 ● **1** 포도를 흐르는 물에 살짝 씻은 뒤 물기를 뺀 다음 손으로 으깨며 줄기를 골라낸다. **2** 설탕을 넣고 완전히 녹을 때까지 잘 섞은 다음 아황산염을 넣는다. **3** 3~4시간 정도 기다렸다가 드라이효모를 뿌려준다. **4** 사과 와인과 같은 발효·숙성 과정을 거친다. 포도는 3개월 정도면 숙성이 끝난다.

Tip 와인에 독특한 향을 첨가하고 싶다면 오크 칩이나 솔잎, 칡즙 등을 첨가해도 괜찮다. 오크 칩은 와인 특유의 오크 향이, 솔잎은 떫은맛이 나게 한다.

와인, 실패 줄이는 관리 요령

와인을 담그는 과정은 생각보다 간단하다. 문제는 발효와 숙성. 시간이 오래 걸리는 데다 자칫 잘못하면 식초가 돼버릴 가능성이 높다. 몇 가지 중요한 관리 요령을 알아보자.

● **발효통 관리가 중요하다** : 발효 과정 중에 발효통 표면에 떠 있는 과일 건더기가 마르면 곰팡이가 생기기 쉽다. 발효 기간 중에는 반드시 하루에 한 번 이상 뚜껑을 열고 충분히 섞어줘야 한다. 저을 때 사용하는 도구는 스테인리스 국자가 좋다. 나무로 만든 것은 통 속에 다른 미생물을 옮길 수 있으므로 피해야 한다. 발효 중에는 이산화탄소가 발생해 자칫 폭발할 위험이 있으므로 주의한다. 항아리 같은 호흡하는 용기를 사용해도 좋고 플라스틱이나 유리 용기의 경우 뚜껑을 완전히 밀폐하지 말고 살짝 열어두는 것이 좋다. 잘 관리할 자신이 없다면 에어락이라는 발효통 속 공기를 빼내고 외부 공기는 차단하는 역할을 하는 도구를 뚜껑에 설치해서 사용하면 편리하다. 인터넷 등에서 쉽게 구입할 수 있다.

● **맑은 술을 얻으려면 걸러라** : 발효가 끝나고 과육을 걸러낸 뒤 숙성 시키면 술은 완성된다. 하지만 숙성 중에도 침전물은 계속 생긴다. 맑은 색의 와인을 원한다면 중간 중간 침전물을 걸러주는 것이 좋다. 침전물을 계속 걸러내다 보면 탁하던 술이 투명해지는데 이때 와인이 완성된 것이다.

● **아황산염을 활용하라** : 아황산염은 산소와 만나면 증발하는 성질이 있다. 그래서 와인 원료에 첨가하면 미생물의 번식을 막는 살균 작용을 하게 된다. 그만큼 발효가 실패할 가능성을 낮추는 역할을 하는 것이다. 사과 와인을 담글 때 아황산염을 넣으면 ?균은 물론 갈변까지 막아주는 역할도 한다. 발효 중 사과가 갈변하면 와인의 색도 갈색을 띠게 되는데 아황산염을 넣어 갈변을 막으면 황금빛 와인을 얻을 수 있다. 아황산염은 시중에 판매되는 거의 모든 와인에 들어있을 만큼 안전성이 입증된 재료다.

간단해서 좋은
똑똑한 병조림

몇 년 전부터 만든 효소나 와인이 집 안 가득이라면 병조림에 도전해보자.

만드는 법은 간단하다. 재료에 따라 약간씩 차이는 있겠지만 일반적으로 설탕이나 식초에 절인 식품을 잘 소독한 병에 넣으면 끝이다. 뭐든 금세 만들어 짧은 시간 안에 먹을 수 있다는 것이 장점이다.

피클

준비하기 ● 중간 크기 무 1개, 백다다기오이 2개, 빨간 파프리카 · 노란 파프리카 1개씩, 물 600㎖, 식초 · 설탕 300㎖씩, 피클링 스파이스 1큰술, 소금 약간

만들기 ● 1 무와 파프리카는 깨끗이 씻어서 먹기 좋은 크기로 썬다. 오이는 소금으로 박박 문질러 씻은 뒤 썰어둔다. 2 냄비에 분량의 물과 설탕, 식초, 피클링 스파이스를 넣고 팔팔 끓인다. 3 열탕 소독한 유리병에 썰어둔 재료를 넣은 뒤 ②의 촛물을 붓는다. 4 하루정도 상온에 뒀다가 냉장고에서 3일간 숙성시킨 뒤 먹는다.

Tip 채소는 양배추나 당근, 버섯 등 좋아하는 것이라면 무엇이든 좋다. 식초나 설탕 분량은 식성에 맞게 가감한다. 월계수 잎, 후추 등을 섞어 만든 피클링 스파이스는 피클 특유의 향이 나는 양념이다. 대형마트에 가면 쉽게 구할 수 있지만 없다면 빼도 무방하다.

생강차

준비하기 ● 생강 1kg, 설탕 700g, 올리고당 300g

만들기 ● 1 생강은 껍질을 깨끗하게 긁어 씻은 다음 얇게 편으로 썬다. 2 전기냄비에 생강과 설탕을 켜켜이 넣는다. 3 온도를 강으로 맞춘 뒤 3시간 정도 끓이다가 부글부글 끓어오르면서 생강이 투명해지면 온도를 약으로 바꾸고 다시 5시간 동안 더 끓인다. 4 생강을 체에 걸러낸 뒤 남은 맑은 생강차에 올리고당을 넣고 한 번 더 끓인다. 5 병에 담아 냉장고에 넘겨뒀다가 뜨거운 물에 타서 마신다.

Tip 올리고당은 꿀이나 조청으로 대체해도 괜찮다. 전기냄비 대신 가스레인지를 이용해도 된다. 하지만 전기냄비는 온도가 일정하게 유지되는 데 비해, 가스레인지는 계속 변하기 때문에 생강을 제대로 우려내기 쉽지 않다. 전기냄비는 종류에 따라 온도 차가 있으므로 끓이는 중간중간 생강의 상태를 잘 살피면서 끓여야 한다.

밤조림

준비하기 ● 밤 1주먹, 치자 1개, 물 · 설탕 2컵씩, 생강 약간

만들기 ● 1 밤은 껍질을 깨끗하게 까고, 치자는 물에 흔들어 씻은 뒤 분량의 찬물에 4시간 동안 우린다. 2 치자 우려낸 물에 설탕을 넣고 끓여 시럽을 만든다. 3 시럽의 양이 반으로 줄면 밤을 넣고 더 조린다. 4 조리는 중간에 생강 몇 조각을 넣은 뒤 시럽의 양이 밤 높이 정도로 줄 때까지 조린다. 5 한 김 식힌 뒤 소독한 병에 담는다.

Tip 밤은 금방 벌레가 생기기 때문에 오래 저장하기 까다롭다. 먹다 남은 밤이 있으면 조려서 병에 보관해두면 떡이나 빵, 약식을 만들 때 요긴하게 사용할 수 있다.

고구마 잼

준비하기 ● 고구마 · 사과 중간 크기 1개씩, 사과즙 1팩, 설탕 400~500 g

만들기 ● **1** 고구마는 삶은 뒤 껍질을 벗기고 따뜻할 때 숟가락으로 곱게 으깬다. **2** 사과는 강판에 갈아준다. 이때 갈변을 막기 위해 중간중간 설탕을 뿌려준다. **3** 냄비에 사과 간 것과 사과즙, 설탕을 넣고 숟가락으로 섞으면서 끓인다. **4** 고구마 으깬 것을 넣어준다. **5** 열탕 소독한 병에 담아서 냉장 보관한다.

Tip 고구마는 한꺼번에 삶아서 으깬 뒤 소량씩 비닐팩에 담아서 냉동실에 보관해두면 매번 새로 만드는 수고를 덜수 있다. 설탕 분량은 고구마와 사과 무게의 80% 수준이 적당하지만, 기호에 따라 가감한다. 사과즙은 시판용 사과주스로 대체해도 된다. 산도가 낮은 여름 사과로 고구마 잼을 만들 때는 레몬즙을 추가해준다.

병조림 실패 줄이는 노하우

소독은 필수 | 병조림할 때 절대 생략하면 안 되는 과정이 유리병 소독이다. 멸균 상태로 병을 사용해야 내용물이 상하지 않고 오래도록 신선한 상태를 유지할 수 있기 때문이다. 가장 일반적인 방법이 열탕 소독이다. 냄비에 유리병을 넣고 병이 잠길 때까지 물을 부은 다음 15분 정도 끓이면 된다. 집게를 이용해 병을 꺼낸 다음 깨끗한 면 보자기나 철망 위에 엎어서 자연 건조시킨 뒤 사용한다. 병을 밀폐하는 데 사용하는 고무패킹은 모양이 변할 수 있으니 20~30초 동안만 끓는 물에 뒀다가 꺼낸다. 반드시 병을 찬물에 넣고 끓이기 시작해야 깨지지 않는다.

가열 식품은 탈기 | 탈기는 병 속의 공기를 완전히 빼내는 과정을 말한다. 잼이나 시럽 같은 가열 식품의 경우 탈기 과정을 거치면 더 오랫동안 보관할 수 있다. 한꺼번에 많은 양의 잼을 만들 때는 크기가 작은 병에 나눠 담은 뒤 탈기시키면 1년 정도는 먹을 수 있다. 냄비 바닥에 면 보자기를 깔고 그 위에 잼을 채운 병을 올린 뒤 병 높이의 절반 이상까지 물을 채우고 끓인다. 끓기 시작해 15분 정도 지나면 병 속의 공기가 수증기로 다 빠져나가는데, 이때 뚜껑을 닫고 다시 20분 정도 더 끓인다. 탈기된 병은 서서히 식혀준다.

병조림용 병은 재활용 | 병조림용 병은 따로 사기도 하지만 기존의 병을 재활용하기도 한다. 잼이나 청, 차 등 가열 식품이나 열탕 소독해서 판매하는 식품의 용기라면 병조림용으로 재활용해도 아무 문제없다.

텃밭에서 얻은 씨앗들

씨앗 한 톨에 온 생명의 에너지가 담겨있음을 텃밭 농사를 지으면서 새삼 확인했다. '생명은 사고파는 것이 아니다.'라며 토종씨앗을 아낌없이 나눠주신 이웃들께 감사드린다.